Fé em Meio à Dor

Luciene Farias Lamberti

AF373719

Direitos autorais © 2025   Luciene Farias Lamberti

Todos direitos reservados

Todos os direitos reservados. Nenhuma parte deste livro pode ser reproduzida ou transmitida de qualquer forma ou por qualquer meio, incluindo fotocópia, gravação ou quaisquer sistemas de armazenamento e recuperação de informação, sem permissão por escrito do autor.

ISBN: 978-65-01-40562-9
ISBN: 978-65-01-40561-2

Instagram: @feemmeioador

Índice

"Tudo tem o seu tempo determinado, e há tempo para todo o propósito debaixo do céu". Eclesiastes 3:1

INTRODUÇÃO

E quando a doença bate à sua porta? E quando atinge aqueles a quem você ama? E por que, quando pensamos em doenças graves, sempre imaginamos no outro e nunca em nós mesmos? Neste livro, descrevo minha trajetória, desde o diagnóstico de um câncer de mama até as consequências do tratamento em meu corpo. E durante esse mesmo período, também narro as consecutivas internações de meu filho Murilo, diagnosticado com asma grave, e a cura de meu sobrinho de uma meningite bacteriana. Uma história de fé e coragem em meio à dor.

O início

*Ensina-nos a contar os nossos dias para que o
nosso coração alcance sabedoria.*

Salmos 90:12

Câncer... câncer... Câncer... e meu filho?... e minha família?
Vou pedir demissão. Não é justo com a escola... que dor!
Minha alma! Não estou pronta. Acalma! Respira. Minha
cabeça vai explodir! Triplo negativo. O que é isso? Vai passar.
Respira... respira... Respira! Você é forte. Organize sua cabeça! Pare...
Recomece... Ah! Eu não vou dar conta! Deus, me socorre!

três anos antes

"Parabéns! Você vai ser mamãe!"

Naquele momento, eu sabia que eu havia conquistado tudo! Eu
trabalhava na profissão dos sonhos e na posição em que eu queria,
estava em um casamento feliz, morando em um apartamento do meu
jeitinho, fazendo parte de uma igreja amorosa e participando de um
ministério consolidado... eu estava no ápice!

Deus havia me dado tudo o que eu sempre quis.

Gratidão era o que definia aquele momento.

Algumas semanas antes, o meu médico ginecologista havia me
dito que eu não poderia fazer a cirurgia que facilitaria aquela gravidez.
Sempre soube que, com a má formação do meu útero (era um útero
bicorno), minha idade de 34 anos e meu problema de hipotireoidismo,
engravidar seria um desafio e, permanecer grávida, um obstáculo ainda
maior.

Mas aconteceu. Eu estava grávida.

Eu havia sentido aquele serzinho se movimentando dentro de
mim com apenas três semanas de gestação. Parece absurdo ouvir isso,

mas eu sabia. Sabia que Deus havia me dado aquela graça. Eu me sentia como Sara, da Bíblia, apesar de não ter chegado aos noventa anos.

Durante os nove meses de gravidez, trinta e nove semanas, para ser exato, eu vivi uma mistura de magia, de grande alegria e também de muitas dores, incômodos e de restrições. Quase abortei diversas vezes e, para completar o momento de tensão, me deparei com a pandemia.

Minha família e amigos acompanharam a gravidez à distância. Eu fazia telechamadas com avós, tios e primos regularmente para que eles vissem o crescimento da minha barriga. Também comprei roupas, móveis e decorações, tudo pela Internet. Meus chás de bebê com a igreja e com a família foram feitos online. Todos enviaram seus presentes por correio e fizemos a abertura deles durante uma reunião por computador.

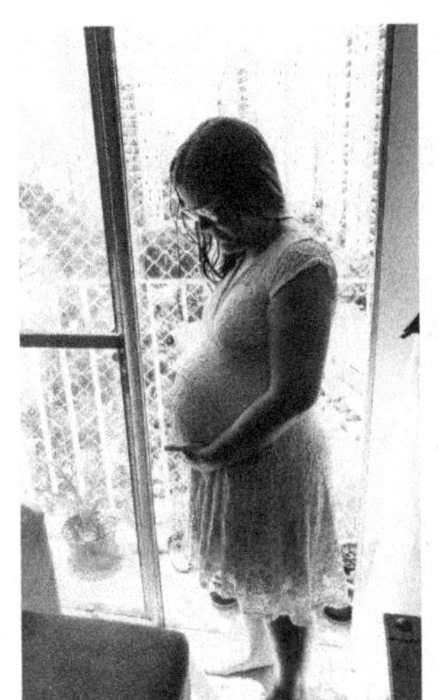

Nossa sessão de fotos foi feita pelo meu marido, primeiramente dentro de casa e, depois, na área comum do condomínio. Aproveitamos o fato de nossos vizinhos estarem com mais medo do que nós de sair de casa e tiramos várias fotos.

Eu continuei dando aulas online com a barriga grudada em meu laptop velho. Meus alunos e eu nos divertíamos, chorávamos, discutíamos e reclamávamos. Não era fácil lidar com a invasão da privacidade dos nossos lares, mas, de alguma forma, fazíamos dar certo. Eles curtiam as atividades que eu passava e, de algum modo, aprendíamos um com o outro a como viver no isolamento compartilhado.

Meu marido, Luiz, que trabalhava com Análise de Sistemas, inaugurou o tal do home office. Compramos uma cadeira de escritório e uma mesinha e adaptamos um pequeno espaço de trabalho em nossa sala. Nos organizamos como pudemos. Como todos diziam à época, aquele era nosso novo normal.

Em julho de 2020, nasceu meu menino. Pela graça e misericórdia divina, todo saudável e lindo.

Um milagre. Mais um de tantos em minha vida.

Que alegria!

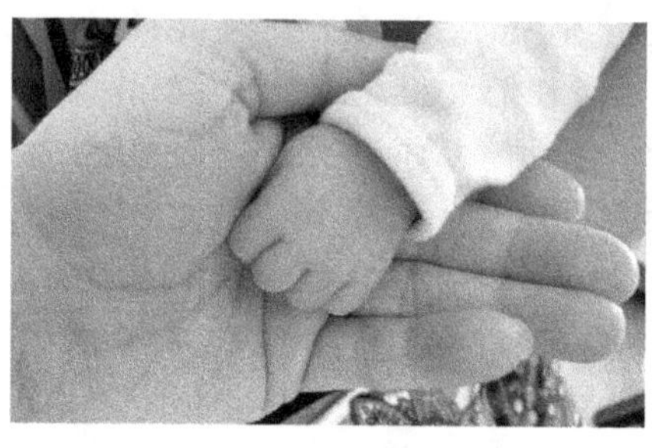

Éramos, finalmente, três após tantos planos.

No momento do nascimento, meu marido ficou empolgadíssimo! Como eu já imaginava que aconteceria, ele ficou tão alegre que levou bronca de um dos médicos que fez o parto por atrapalhar a movimentação deles ao andar de um lado para o outro para ver o nosso lindo bebê.

Lembro de nos levarem, a mim e ao bebê, para uma salinha em que ele tomaria banho de luz.

Eu olhei cada detalhe do seu rostinho, dos seus pezinhos e de suas mãos. Não sabia que bebês nasciam com unhas tão grandes! Aquilo surpreendeu tanto essa mãe de primeira viagem que vos fala que eu tive que perguntar à mãe ao lado se o bebê dela também tinha nascido com unhas tão grandes!

Recebemos alta do hospital e nossa primeira semana em casa foi um verdadeiro caos. Não podíamos receber visitas e tivemos que nos virar com o conhecimento instintivo que tínhamos.

Deu errado, é claro!

Não consegui amamentar e nem sabia que isso estava ocorrendo. Nosso filho quase foi internado por desidratação e, se não fosse pela ajuda fundamental de uma sobrinha de Luiz, nossa querida enfermeira do amor, Luíza, não sei o que de pior poderia ter ocorrido.

Enfim, sobrevivemos e, aos poucos, pegamos o jeito daquela comunicação não verbal dos primeiros meses.

Minha única irmã, Luciele, foi conhecer Murilo um mês depois do nascimento dele. A família dela toda pegou COVID, e o medo de que nós também pegássemos nos levou ao afastamento. Três meses depois, levamos Murilo para conhecer a avó Nice, mãe do meu marido.

Agora o medo não era de nós pegarmos COVID, mas de levarmos essa doença tão séria para Dona Nice, que, na época, estava com 84 anos.

Minha mãe, Vera, que morava na Paraíba, só conheceu Murilo naquele fim de ano. Ele já estava com cinco meses. Foi uma das maiores emoções das nossas vidas. Nós choramos, rimos e agradecemos ao Senhor pelos Seus poderosos feitos.

Em janeiro de 2021, decidi pedir demissão da escola onde trabalhava para ficar cuidando de Murilo em casa. Não havia muitas escolas abertas e os casos de Covid eram muitos e fatais naquele momento.

Eu estava tranquila quanto à minha decisão porque Deus havia me dito que cuidaria de tudo e, quando Ele promete, a gente confia.

Logo após eu pedir demissão, para nossa prova, Luiz foi demitido de seu emprego. Era um trabalho estável de dez anos e tudo aquilo nos pegou de surpresa. Confiamos na promessa que Deus havia me dado de que cuidaria de tudo e Ele, como sempre, cumpriu com Sua palavra e no mês seguinte, Luiz estava empregado, com um bom salário e um excelente plano de saúde para todos nós! Glória a Deus!

A vida transcorria em paz, mesmo em meio ao caos do mundo.

Murilo, nosso filho, era tranquilo. E, naquele mundo maravilha das nossas quatro paredes, nós criamos um lugar só nosso.

A pandemia, como visto acima, deixou meu pequeno bebê sem família por um ano. Nós, os pais, ficamos sofridos, mas ele, inocente, contentou-se com aquele mundo visto pela janela. As pessoas e os carros passando, o canto dos pássaros, as plantinhas, as formiguinhas, tudo fascinava meu pequeno Murilo. Ele se encantava com todas as novidades de vida e eu me encantava com o seu olhar puro e brilhante para coisas tão corriqueiras.

Naquela nova realidade, algumas facilidades me deixavam empolgada. Consultas médicas online eram uma delas.

Em março de 2021, fiz a minha primeira consulta ginecológica online. Que conforto não ter que pegar trânsito para ir ao consultório ou ter que esperar lá até ser chamada. Isso era vida!

Fiz os exames pedidos e tudo deu certo! Mesmo após ter tido um filho, estava cheia de saúde.

Ok. Eu havia ganhado uns quilinhos nesse processo de engravidar e ficar em casa com Murilo, mas eu não estava com colesterol alto ou qualquer coisa do tipo. Estava cheia de saúde, sim. Todo o estresse da rotina diária colaborou para que eu engordasse. Mas quem não passou por isso?

Tudo bem.

O próximo ano seria o ano da minha redenção física! Resolveria toda essa questão no ano seguinte. E fora que eu poderia estar acima do peso, mas os meus cabelos estavam lindos! Era a lei da compensação.

O ano de 2022 estava chegando e, com ele, um novo ritmo de vida. A pandemia estava, aparentemente, chegando ao fim. Havíamos voltado aos cultos presenciais e ao trabalho presencial na faculdade e na empresa.

Murilo havia começado a ir para a escolinha e, apesar de ter adoecido de todas as formas possíveis, estava se adaptando ao ritmo escolar.

Enfim… parece que 2022 seria um bom ano!

Mas, ao contrário do que imaginávamos, aquele ano de 2022 já começou cheio de aventuras! Descobrimos que Murilo sofria de asma.

Em janeiro, ele foi parar na UTI com falta de ar causada por uma pneumonia profunda.

Os médicos, naquela época, o chamavam de bebê chiador.

Que desespero para nós, pais, ter que ver nosso lindo bebê tomando uma série de remédios, sem querer comer e cheio de fios grudados ao seu corpinho que faziam aquele típico barulho de máquinas de UTI. Meu coração estava a ponto de parar de tanto sofrimento!

Foram muitas correntes de oração para que Deus fizesse o milagre na vida do meu pequeno bebê de um ano e meio.

Em meio a esse caos de internação de Murilo, fui chamada para fazer uma entrevista de emprego. Havia três meses que eu procurava outro emprego para complementar a renda e, ao ver essa oportunidade, não tive dúvidas: enviei meu currículo e, por um milagre, fui contratada, mesmo fazendo a entrevista do hospital por videoconferência.

Após tudo isso, Murilo se recuperou e foi para casa.Levamo-lo a uma pneumologista e ela nos alertou que o caso dele era grave e que havia grande possibilidade de ele ser internado novamente nos próximos meses, apesar de já ter começado o uso de bombinha preventiva regularmente.

Dito e feito.

Dois meses depois, e lá vai Murilo internado novamente.

Meu coração quase para com tudo isso.

Dessa vez, já estávamos mais familiarizados com os procedimentos hospitalares e o processo foi mais tranquilo. Quatro dias depois, ele voltou para casa.

Depois dessa segunda internação, Murilo precisou ser retirado da escolinha, porque qualquer doença era sinônimo de pronto-socorro.

Eu havia acabado de voltar a trabalhar presencialmente, mas, graças a Deus, conseguimos que uma amiga nossa, Jaque, ficasse com ele em nossa casa enquanto eu trabalhava.

Que loucura!

As visitas à pneumologista se tornaram frequentes e, por não estar em contato com outras crianças, a asma aparentemente estava estabilizando. Tudo estava entrando nos eixos, novamente. A vida acalmou. Como tudo na vida, aquela fase difícil parecia ter passado. Deus colocou sua mão de misericórdia sobre nós mais uma vez.

Nosso filho não tinha mais crises. O ar entrava nos pulmões dele com liberalidade.

A paz.

Em julho daquele ano, meu rapaz completou dois anos.

Como o tempo havia voado!

Eu, agora com 37 anos, estava mais madura por dentro e por fora e muito feliz. Havia pedido demissão da escola onde iniciara em fevereiro porque não me adaptei ao sistema de ensino deles e estava nos trâmites para voltar para a escola onde eu havia trabalhado antes da pandemia.

Além disso, eu havia completado quatro anos lecionando em uma faculdade. Meu sonho realizado.

Eu, novamente, estava completa. Porém, o que é ser completo como ser humano? Isso realmente existe? Os próximos meses mostrariam que sim.

Não da forma como eu queria ou imaginava, no entanto.

infância

Eu nasci em um lar evangélico. Meus pais sempre foram muito ativos na igreja. Minha mãe era professora do ministério infantil e meu pai, diácono.

Sempre ouvi falar sobre Deus. Minha mãe costumava fazer os "cultinhos diários", lendo histórias da Bíblia ou de missionários pelo mundo, enquanto meu pai trabalhava à noite. Meu pai, homem de muita fé, nos instruía com muita sabedoria sobre o que era ter uma vida com Cristo. Não bastava conhecer a Palavra de Deus. Era necessário ter um relacionamento pessoal com Ele.

Aos oito anos, decidi ser batizada na igreja, porque todos os meus amiguinhos seriam também. Ao ser perguntada quando eu havia aceitado a Cristo como Salvador, eu não soube responder. Eu lia minha Bíblia, cantava muitas músicas sobre Deus, mas não sabia quem era Deus.

Um ano depois, um missionário visitou nossa igreja e, apesar de eu não ter prestado muita atenção na pregação, ao ouvir as últimas palavras proferidas por ele, fiquei extremamente impactada. Ele perguntou: "Se você morrer hoje, você tem certeza para onde vai?" Não. Eu não tinha certeza. Eu era filha de diácono, participava ativamente de todas as atividades da igreja, era batizada, mas não sabia para onde iria após minha morte. Meus pais sabiam. Minha irmã sabia, mas eu não sabia.

Foi quando Deus tocou no meu coração e eu entreguei a minha vida para Ele. Entendi naquele momento que a salvação não se passava de geração em geração. Eu precisava ter aquele momento com Deus. Entendi que o sacrifício de Jesus na cruz era pelos meus pecados e que eu precisava Dele para ter acesso a Deus. Aprendi que todo o meu ativismo na igreja não me levaria a Deus. Que só pelo sangue de Cristo eu poderia ser salva e ter uma vida eterna no Céu.

Tudo fez sentido.

Eu senti Cristo dentro de mim, me enchendo de vida. E foi uma sensação tão forte que chegou a ser física. Que dia maravilhoso! Que mudança aquele momento havia feito em minha mente, em minha alma. Eu agora conhecia a Cristo de viver com Ele. A minha fé não estava colocada em um ser abstrato, mas em um ser real que falava comigo, que não me desamparava, que não desistia de mim. Toda e qualquer situação a partir daquele momento não seria vivida sozinha. Eu não carregava meus problemas sozinha. Eu tinha com quem compartilhar. Eu tinha um Pai Todo-Poderoso presente. De perto e não de longe. Que honra e que privilégio era ser chamada filha Dele e saber que era ouvida quando eu pedia por socorro!

a descoberta do câncer

Três semanas antes da descoberta do câncer, eu havia feito uma nova teleconsulta com outra ginecologista. Já era setembro de 2022 e eu ainda não havia feito meus exames ginecológicos de rotina por conta da loucura que havia sido os cuidados com a saúde de Murilo.

Tudo bem.

Aquele ano não havia acabado e o que de mais poderia ter acontecido um ano e meio após a última consulta?

Para minha sorte, a ginecologista foi muito atenciosa e pediu uma série de exames. Assim que recebi os resultados, antes mesmo da consulta com minha médica, dei uma olhada e, como médica formada pelo *Google*, estranhei quando apareceu em um deles que eu estava com um nódulo na mama esquerda. De qualquer forma, acreditei que não deveria ser nada.

Na quinta-feira daquela mesma semana, contudo, recebi um e-mail de disparo do laboratório onde fiz os exames, informando que eu deveria procurar minha ginecologista o quanto antes, porque um dos meus exames havia mostrado uma alteração que merecia atenção.

Naquele mesmo dia, marquei uma consulta.

Durante a consulta, numa sexta-feira de manhã, minha ginecologista me colocou o medo da morte. Foi ali que aprendi o significado do termo *Bi-Rads*. Até então, eu não imaginava a magnitude do que aquele termo implicava. *Bi-Rads*, sigla da expressão *Breast Image Reporting and Data System*, era a classificação para laudos de exames de mama, como ultrassonografia, mamografia e ressonância.

Por não ter chegado aos 40 anos, a médica havia pedido que eu fizesse uma ultrassonografia em vez de uma mamografia e, mesmo na ultrassonografia, que não é tão assertiva quanto uma mamografia, havia a indicação de um nódulo calcificado categoria *Bi-Rads* 4, que significa a possibilidade de 5-90% de chance de se ter câncer. Isso, para um leigo no assunto como eu, não fazia sentido, mas, para a medicina, demonstrava uma possibilidade grande de eu estar com câncer. De qualquer forma, eu estava ou não com câncer? Eu precisava de respostas! E foi aí que minha vida mudou.

É para Minha Glória

"Quem de vocês, por mais que se preocupe, pode acrescentar uma hora que seja à sua vida?" Mateus 6:27

Meu nível de ansiedade estava bem alto! A médica ginecologista havia passado um exame chamado *"core biopsy"* para que eu fizesse e deixou claro que a situação era muito séria e que eu precisava fazê-lo o quanto antes. Também que eu já marcasse uma consulta com um mastologista para que ele me guiasse nos próximos passos.

Meu Deus!

A descrição desse exame no *Google* era assustadora. Consegui agendá-lo para terça-feira da semana seguinte. Aquele final de semana foi de muita oração para que eu não sentisse tanta dor no exame como disseram no *Google* que eu sentiria.

Sim.

Descobri que viver na era da informação era caótico e ler demais, um peso desnecessário, como já dizia Salomão em Eclesiastes 12:12.

expectativas

Era um sábado qualquer de 2012. Havia conversado com meus pais de manhã pelo *Skype*, feito alguns ajustes na minha dissertação de mestrado no período da tarde e estava me preparando para ir jantar na casa de amigos à noite.

Dois anos antes, eu havia me mudado para os Estados Unidos para fazer um mestrado na área de línguas.

Mas eu não estava feliz.

Estava angustiada.

Na realidade, me sentia assim há algum tempo, mas naquele dia especificamente, o sentimento estava pior. Chegava quase a uma dor física.

Aquela depressão começava a me preocupar. Eu raramente queria sair naqueles últimos seis meses. Ficava mais em casa ou na biblioteca com a desculpa de precisar escrever minha dissertação. Toda a beleza natural daquele lugar tão verde já não me encantava mais. O lago, logo em frente ao prédio onde morava, já não tinha o mesmo brilho. Apesar de estar tão próxima de conquistar aquilo pelo qual eu havia trabalhado tanto, meu mestrado, eu não estava feliz.

A festa de formatura já estava organizada. Seria na casa de uma querida amiga brasileira que morava em uma cidade próxima à minha. As cadeiras e mesas já haviam sido alugadas e o cardápio planejado com a ajuda de minha mãe. Eu já havia comprado minha túnica de formatura. Era tão linda! Minha mãe traria do Brasil o vestido e os brincos para a cerimônia de formatura. Agora faltava apenas uma semana para o grande dia... Por que eu estava com a alma tão abatida?

No dia seguinte àquele sábado tristonho, fui à igreja, almocei fora e estava descansando um pouco quando recebi uma ligação da minha mãe, irmã e cunhado. Eles não pareciam bem. Naquele momento, a desconfiança surgiu e se provou verdadeira. Foi quando descobri que meu pai estava internado. Havia tido um infarto. Não sei descrever a dor que senti. Havia a possibilidade de ele sobreviver, mas era bem pequena. Aquilo tudo parecia inacreditável! Faltava tão pouco para revê-lo... A ansiedade tomava meu coração.

grande dia do exame

O dia chegou e segui para o exame. Havia lido que nódulos que aparentemente se movimentavam como o meu tinham grande probabilidade de ser benignos. Estava confiante!

Durante o exame, descobri pela primeira vez que talvez eu fosse mais tolerante à dor do que eu imaginava, porque, na realidade, eu não senti dor alguma. Só um leve incômodo.

O que me deixou super chateada, no entanto, foi porque, durante o exame, a médica colocou um clipe de titânio para indicar onde o nódulo estava. Aquilo não poderia ser bom!

Cheguei em casa um pouco dolorida com o movimento do carro, abracei meu marido e chorei. Não estava tão confiante quanto antes.

A mesma ansiedade que me consumira quando soube que meu pai estava internado há 10 anos, agora me tomava novamente ao esperar por aquele resultado.

Eu tinha um filho pequeno. O que aconteceria conosco?

Na sexta-feira daquela semana, eu me senti bem e peguei Murilo, meu menino, no colo.

Que má ideia!

Senti uma dor lancinante imediatamente. Será que o tumor havia estourado? Será que eu havia movido o clipe de lugar? Jesus! Tenha misericórdia!

Mesmo com muita dor, fui trabalhar. Foram meus alunos da faculdade quem primeiro souberam da minha situação. Expliquei que Setembro Amarelo poderia ser uma realidade na minha vida e que, naquele momento, eu estava com muita dor e que, por isso, a aula não transcorreria da mesma forma que normalmente.

Naquela noite, fui ao pronto-socorro pela primeira vez. Após tomar tramal na veia, a médica plantonista me explicou que tumores não doíam desse jeito, muito menos estouravam, que o clipe não poderia sair do lugar e que eu provavelmente havia apenas distendido o músculo da mama, que estava rígido por causa da tensão. Era similar ao que acontecia com as pernas de jogadores de futebol durante um treino ou jogo de futebol, mas na mama.

Eita!

Seja lá o que houve, aquele tramal na veia parecia um mel da alegria! Que alívio! Essa mesma médica plantonista, muito gentil e solidária à situação, me indicou um hospital que eu nunca ouvira falar e que oferecia tratamento da melhor qualidade específico para o câncer.

Chegando em casa, a primeira coisa que fiz foi ver se o convênio cobria esse hospital.

Sim, cobria. Fiquei feliz!

Lembrei-me de quando Luiz foi demitido há mais de um ano e talvez agora as peças se encaixassem. O convênio de seu novo emprego era melhor. Talvez agora eu precisasse bastante desse novo convênio. Obrigada, Senhor!

Naquele fim de semana, minha irmã, Luciele, veio ficar comigo para cuidar de Murilo enquanto eu descansava. Eu estava muito tensa à espera do resultado, mas precisava confiar em Deus e aceitar que tudo estava sob o controle Dele.

Segunda-feira chegou e, com ela, o resultado. Estava na escola trabalhando quando li as palavras que ninguém deseja ler.

Sim. Eu estava com câncer de mama.

Comecei a chorar na sala dos professores na frente de dois queridos colegas de trabalho. Eles, não entendendo o que estava acontecendo, correram para perto de mim em pânico, porque sempre sou muito positiva com tudo e nunca choro dessa forma em público. Pelo menos, não de desespero assim. Compartilhei com eles o que estava acontecendo e as demonstrações de amor (fora da minha família) começaram. Imediatamente, um outro professor me cobriu na aula que eu daria, meus colegas me trouxeram água, se ofereceram para qualquer coisa que eu precisasse e me convenceram a não pedir demissão. Sim. Achei, naquele momento, totalmente injusto com a escola ter que fazê-los passar por tudo isso comigo, sendo que eu havia retornado há apenas 2 meses.

Após algum tempo, quando comecei a raciocinar novamente, entrei em contato com minha família. Primeiro, falei com minha irmã. Ela me instruiu a ligar para minha mãe. Minha preocupação era como passar essa notícia por videochamada, considerando o fato de que ela sofre de fibromialgia. Tudo o que não precisávamos naquele momento era uma crise dessa doença, que é também tão danosa. Não havia outra opção, no entanto. Eu tinha que enfrentar.

Decidi ligar para meu marido antes. Ele ficou visivelmente abalado, mas, como o homem maravilhoso que Deus me deu, mostrou todo seu amor. Minha mãe, Vera, ao saber da notícia, chorou e disse: "Que triste! Que triste!" Palavras tão simples, mas que descreviam exatamente o que eu também sentia naquele momento. Minha confiança em Deus não ficou abalada. Eu sabia que Ele cuidaria de tudo. Mas eu estava triste. Triste pelo meu filho. Pela minha família. Pelos meus empregos. Triste porque eu teria que passar por algo que eu sabia não ser bom e que eu não conhecia.

Naquele mesmo dia, marquei uma consulta no hospital que a médica do pronto-socorro havia me indicado. No dia seguinte, fui à consulta juntamente com Luiz.

O médico mastologista, Dr. Alessandro foi extremamente empático e explicou como normalmente era feito o tratamento. Uma coisa que ele disse que me marcou foi: "Vai passar muito rápido! Quando você se der conta, estará livre desse tratamento."

Ele também passou alguns exames complementares para que eu fizesse, como sangue, cintilografia, ressonâncias e tomografias para garantir que o câncer não havia se espalhado. Era comum para o meu tipo de câncer se desenvolver em outras áreas com muita rapidez.

O tempo urgia.

Havia também a possibilidade de o câncer ser hereditário. Se aquilo se comprovasse, eu teria que tirar não apenas as duas mamas, mas também trompas e ovários, e meu filho e minha irmã teriam cinquenta por cento de chances de desenvolver câncer de mama, também.

Sim. Meninos também podem ter câncer de mama, porque eles também têm tecido mamário.

Apesar de algo tão óbvio, eu nunca havia me atentado a esse detalhe.

Muita informação para processar em minha mente em um curto espaço de tempo!

Foi um período de muita expectativa. Esperar o resultado dos exames foi bem intenso. Acabei tendo de fazer outras duas biópsias no seio direito e na axila esquerda. O nódulo da mama direita era benigno, graças a Deus, mas um dos linfonodos axilares havia sido afetado pelo câncer.

Mesmo com esse novo achado, Deus, em Sua misericórdia, não permitiu que o câncer se espalhasse por outras áreas, causando metástase. O câncer havia chegado até a "porta" (linfonodo axilar), mas não havia saído daquela área. Glória a Deus por ter sido diagnosticada no início. Se eu tivesse esperado mais seis meses para fazer os exames de rotina, talvez minha situação fosse bem pior de ser resolvida. Talvez o câncer já tivesse se espalhado.

Naquele momento, encontrava-me no estágio II do câncer e com a confirmação dos médicos de que meu tratamento seria curativo e não paliativo. Era um alívio em meio àquele turbilhão!

Após os exames, ficou decidido que eu faria primeiramente a quimioterapia e depois a cirurgia. O que aconteceria após a cirurgia seria definido pelo que eles chamavam de peça cirúrgica, ou seja, o que eles retirassem de mim durante a cirurgia. Fiz o exame de sangue indicado pelo médico. Descobriu-se que, pela misericórdia de Deus, meu câncer não era hereditário. Isso significava que minha cirurgia não seria tão invasiva. Eu não precisaria retirar as trompas, ovários e ambos os seios. O quão extensiva a retirada da mama seria, se um quadrante ou toda a mama, dependeria, realmente, do resultado da quimioterapia.

Outra notícia boa é que meu filho e minha irmã não corriam riscos diretos de também terem câncer de mama. Ufa!

Por um lado, fiquei muito feliz por não ser genético. Por outro lado, não havia uma causa determinada para meu câncer. É comum que o câncer de mama afete mulheres acima dos cinquenta anos. Eu estava fora daquela estatística. Tinha que ter outras razões. E havia outros fatores, sim. O fato de eu estar acima do peso, minha mama ser densa, minha primeira gravidez ter sido acima dos trinta anos e eu não ter amamentado eram questões que pesavam naquele momento.

De qualquer forma, independentemente de possíveis razões para eu ter aquela doença, o que importava era que havia armas disponíveis para eu entrar naquela guerra. E é o que eu faria. Eu entraria naquela guerra com fé e esperança de que tudo daria certo. Deus me curaria!

Minha oncologista, Dra. Monique, que iria me acompanhar nos próximos meses em todo meu processo de quimioterapia, era uma mulher incrível! Apesar de muito calma, ela era assertiva e suas decisões em meio ao corpo médico agilizavam muitos processos, como veremos mais à frente.

Nesse período, perguntei a Deus e Ele me respondeu: "Essa doença não é para morte. É para minha glória." E, nessa promessa, embarquei na maior aventura da minha vida.

A Quimioterapia

"Por isso não tema, pois estou com você;
não tenha medo, pois sou o seu Deus.
Eu o fortalecerei e o ajudarei; eu o segurarei com a
minha mão direita vitoriosa." Isaías 41:10

Primeira sessão de quimioterapia e minha nova vida se iniciava. Havia decidido não pesquisar como a mesma funcionava. Isso era algo novo para mim. Sempre pesquisei sobre tudo. Pesquisar me deixava mais tranquila. Aprender antecipadamente sobre algo era essencial para mim. Acho que faz parte do meu lado professora. Mas a quimioterapia, não. Me assustava saber como era feito aquilo e eu decidi enfrentar com "a cara e a coragem". A melhor decisão que tomei!

A enfermeira que me encaminhou para o local onde seria feita a aplicação foi extremamente gentil comigo e com minha irmã, que me acompanhava naquele momento. Lembro que as palavras daquela enfermeira soaram como mel. "Você vai conseguir arrumar forças de onde parecer que não existem. Vai dar tudo certo! Isso é uma fase. Não vai ser fácil, mas você vai conseguir!"

Minha primeira batalha já surgiu no primeiro minuto. Achar meu acesso não foi fácil. Minhas veias eram muito finas e levou quase quarenta minutos para que os enfermeiros encontrassem uma boa veia para que o medicamento começasse a entrar. Eram várias bolsas de medicamentos.

Em determinado momento, por ser o medicamento mais viscoso que os outros, senti muitas dores. Eles colocaram uma luvinha de água morna embaixo da mão onde estava o acesso para aliviar as dores, mas não resolveu.

Me disseram que eu deveria beber muita água antes e durante as aplicações para que as veias ficassem hidratadas e as dores diminuíssem. Nunca bebi tanta água em minha vida!

As dores latejantes só aliviaram, no entanto, quando aquele medicamento mais viscoso terminou e eles colocaram outra bolsa de medicamento.

Durante esse processo, ouvíamos ao longe o som de sinos e os enfermeiros entoando a música: "Acabou! Acabou! Acabou! Acabou!" Mais um paciente havia terminado seu tratamento de quimioterapia. Que misto de emoções! Chorava de alegria por aquele paciente e ficava cheia de esperança por mim. Aquele momento chegaria para mim também. Eu conseguiria vencer aquele obstáculo!

Toda a infusão levou uma média de cinco horas e meia até finalizar. Eu teria, ao todo, dezesseis aplicações. Meu Deus! Me sustenta!

Levamos uma bolsinha de plástico para caso eu passasse mal no carro no retorno para casa. Mas não tive nada. Nem enjoo. Os enfermeiros depois me disseram que aquela ideia de vômito descontrolado era de filme. Hoje em dia, tomamos medicamentos para evitar a náusea durante e depois das sessões. Então, se esse excesso de vômito ocorria no passado, hoje em dia não acontece mais.

Graças a Deus! Menos uma preocupação!

No dia seguinte à minha primeira aplicação, tomei os remédios indicados pela oncologista e fiquei feliz em não estar me sentindo tão mal quanto pensei que me sentiria. Enjoei? Sim, mas muito pouco. Fiquei debilitada fisicamente? Sim, mas era suportável, considerando que eu estava trabalhando de casa e não precisaria me esforçar fisicamente mais do que eu suportasse.

Minha mãe havia se mudado para minha casa algumas semanas antes. Muito guerreira, fazia de tudo para trazer conforto naquela situação. Comidinhas especiais, seguindo a dieta que a nutricionista havia indicado e o modo de fazer cheio de regras, garrafinha de água a todo momento ou suco de laranja com couve ou cenoura para me dar forças; muita oração e carinho quando eu sucumbia... enfim, amor de mãe.

O primeiro choque de realidade foi quando comecei a perceber que meus cabelos estavam começando a cair com maior intensidade. Isso foi por volta da terceira semana. Eu já tinha cortado o meu cabelo curtinho assim que soube que estava com câncer e doei meu cabelão para uma instituição. Não queria que meu cabelo, que na época estava na cintura, se estragasse durante o tratamento do meu câncer. Também já havia comprado vários lenços lindos para usar durante o tratamento.

Mesmo com toda essa preparação, eu ainda sentia muito medo desse momento, principalmente de estar em público e um tufo de cabelo cair em minhas mãos. Por essa razão, decidi enfrentar esse problema antes que ele se tornasse insustentável. Pedi ao meu marido que raspasse a minha cabeça e, naquela tarde de sábado, enquanto Murilo dormia, eu e ele vencemos aquela luta. Tiramos todo o meu cabelo.

Chorei. Muito. Não sou de ferro. Era minha feminilidade que estava em jogo. Em dado momento, meu marido olhou nos meus olhos e me disse: "A sua beleza não está nos seus cabelos ou na sua aparência. Está aqui", apontando para o meu coração. Foi exatamente o que eu precisava ouvir.

Que homem Deus havia me dado! Que homem!

◆◆◆

seis anos antes

Em 2016, minha mãe decidiu voltar a morar na Paraíba e eu começava a minha nova vida morando agora sozinha. Por um lado, morar sozinha traz uma liberdade imensa.

Aquela história de viver sem dar satisfação a ninguém é real e muito fascinante... até que não se torna mais.

Alguns meses depois, eu já começava a me sentir bem solitária. Eu trabalhava horas a fio e, aos fins de semana, frequentava uma igreja grande, com milhares de membros. Eu não conseguia construir muitas conexões nessa igreja, apesar de algumas tentativas. Acho que, naquele momento, eu não estava emocionalmente disponível para amizades.

Hoje, vejo que Deus tinha um plano muito bem traçado que envolvia aquela solidão toda.

Uma noite eu tive um sonho sobre o fim dos tempos e fiquei intrigada. Compartilhei meu sonho com minha mãe e ela imediatamente disse que eu deveria me mudar para uma igreja pequena, na qual eu pudesse trabalhar na obra de Cristo e falar sobre a brevidade dos tempos.

Eu segui o conselho de minha mãe e comecei a procurar uma igreja menor. Fui a uma igreja em um domingo e, apesar de ser muito aconchegante, senti que não era aquela. Meu pai dizia que, quando nós procuramos uma nova família em Cristo e a encontramos, a sensação de pertencimento é automática.

Naquela mesma semana, pesquisei novamente por uma igreja no *Google* e encontrei uma próxima ao meu trabalho. Vi que o culto era à noite e, no domingo seguinte, fui visitá-la.

Estava muito frio naquele fim de agosto. Acabei chegando cedo para o culto e tarde para a escola dominical. Típica visitante!

Poucos minutos antes de começar o culto, vi um rapaz organizando os cabos dos microfones e imediatamente pensei: "Até que enfim, Senhor! Encontrei o meu marido! E que homem lindo!"

Depois que pensei aquilo, me senti mal automaticamente porque, e se o rapaz fosse casado? E se tivesse namorada? A convicção, no entanto, de que aquele era o escolhido era tamanha que parecia um letreiro divino para que aquela informação tão importante para a minha vida não passasse despercebida. Eram setas divinas apontadas para o homem que seria minha força, meu companheiro, minha alegria e boa parte do meu coração (perdeu um pouco do espaço do coração todo para o filho alguns anos depois!).

O culto começou e descobri que ele era baterista da igreja. Ponto positivo. Em seguida, ao falar sobre o culto de quarta-feira, o pastor usou o rapaz como exemplo, explicando que, mesmo trabalhando tão distante, o rapaz não faltava sequer a uma quarta-feira. Ponto extra positivo. Para fechar com chave de ouro, parecia que o rapaz não era casado ou tinha namorada. Pelo menos ninguém sentou perto dele...

Naquele domingo, justamente nele, pensei comigo: "Logo hoje que eu vou conhecer o homem da minha vida, estou toda mal vestida, sem maquiagem e descabelada! Ah, mulher! Vamos ter que compensar isso semana que vem."

Não. Não escolhi aquela igreja pelo meu futuro marido, mas tenho que confessar que isso foi levado em consideração na hora da decisão.

Chegando em casa, já mandei mensagem para minha irmã e para minha mãe avisando sobre meu futuro marido. Estava empolgada!

Em algumas semanas, começamos a conversar e ele era tão engraçado e fofinho. Sim. Já estava toda apaixonada, mas segui firme como adulta madura que sou.

Três meses depois, estávamos namorando. Os planos para o casamento não levaram muito tempo após isso.

No fim de novembro, fiz um almoço para apresentá-lo à minha irmã, cunhado e sobrinho, na época com três anos. Até hoje, a família brinca sobre a situação. Fiz três refratários de lasanha, frango assado, arroz e feijão para o sobrinho, maionese e sobremesa. Passamos semanas comendo lasanha!

Meu sobrinho, enciumado, sentou-se entre nós e ficou fazendo cara feia. O rapazinho não aceitou bem a situação. Meu cunhado, por

sua vez, fez questão de ter uma conversa super amistosa com Luiz a sós. O coitado do meu futuro marido até hoje lembra da voz grossa do meu cunhado dizendo: "Cuide muito bem da minha cunhada!"

No Natal daquele ano, eu fui oficialmente apresentada à família de Luiz. Foi uma das maiores emoções de minha vida. Luiz tem sete irmãos, dez sobrinhos e agregados. Não é fácil ser analisada, inspecionada, investigada por tanta gente. Mas, no fim, vitória! E tudo porque, mesmo estando bem vestida, arregacei as mangas e lavei a louça. Bendita louça!

O tempo voou e logo veio o pedido de noivado, o chá de cozinha, o casamento civil e religioso. A lua de mel em três estados nordestinos foi a cereja do bolo.

Que alegria era ter alguém ao meu lado! Como eu amava aquele homem e como eu tinha convicção de que ele me amava também. Que bom era ser dois em um. Que delícia era compartilhar a vida.

as aventuras quimioterápicas

A luta para achar os acessos seguiu-se até a quinta aplicação, quando o convênio autorizou a implantação de um catéter. Passei por uma pequena cirurgia para a colocação do *port-a-cath* e minha vida ficou linda e brilhante. O *port-a-cath* é um dispositivo simples inserido sob a pele e que permite acesso fácil às veias, no meu caso, à veia cava superior que se localiza no pescoço. Por meio desse dispositivo, eu recebia toda a medicação da quimioterapia sem que fosse necessário procurar uma "veia boa" no braço, nos pulsos ou nas mãos. Não dependia mais das minhas "veias temperamentais". Um alívio sem fim!

Nesse período, experimentei algo muito poderoso: me tornei a memória da finitude humana. Por onde eu passava, as pessoas me olhavam com um misto de medo e piedade.

Lembro-me de três situações inusitadas que me marcaram profundamente.

Na primeira, ao chegar a um laboratório para fazer exames de sangue, choquei o atendente da recepção do estacionamento com minha aparência e ele, por um ato de bondade, não me cobrou o período em que deixei o carro estacionado lá.

Em outra situação, estava novamente em um estacionamento, dessa vez de um shopping, e ouvi uma mãe brigando com seus filhos pequenos. Quando passei por ela com meu menino, novamente causei um choque tão grande naquela mulher que ela automaticamente mudou o tom que estava usando com as crianças e foi embora.

Na terceira situação, estava dirigindo e tive que mudar para a faixa oposta porque alguém havia estacionado irregularmente na minha faixa. Ao mudar de faixa, um outro motorista, que havia acabado de fazer a curva para entrar na rua, reclamou comigo por eu estar na contramão. Quando abri o vidro do carro para explicar que estava desviando do carro estacionado irregularmente, ele também levou um

choque e me pediu desculpas pela atitude dele. Entendi que o câncer tem esse efeito poderoso de acordar as pessoas e fazê-las rever suas prioridades, porque ele mostra que a vida é um sopro e que o que parece grande e complicado, às vezes, não é tão sério assim.

Lógico que essas situações não eram fáceis para mim, porque faziam com que eu me sentisse uma aberração. Ser o centro das atenções o tempo todo também era emocionalmente pesado, porque eu não queria ser olhada com pena ou aversão; eu só queria ser mais um na multidão. Isso me fez refletir o quão difícil é para pessoas consideradas minorias. Como é emocionalmente destrutivo ser visto o tempo todo como diferente, inferior ou simplesmente como alvo de repulsa. Penso em como nós, seres humanos, somos limitados em nossa compreensão sobre o outro e o quanto nos falta amor pelo próximo.

Foi nesse período, no entanto, que outras aventuras começaram. Minha imunidade já não estava tão alta como no início do tratamento e comecei a ter outros tipos de intercorrências.

A primeira foi uma gripe mais intensa. Por estar em época de covid, tive de fazer o teste e não recebi autorização da Dra. Monique para fazer quimioterapia naquela semana.

Atrasei o tratamento!

Ao mesmo tempo em que eu fiquei decepcionada comigo mesma por alguma razão sem sentido, já que eu não tinha como evitar de ficar doente, eu me sentia confiante de que Deus cuidaria de tudo e de que nada saía de Seu controle. Na semana seguinte, já me sentia melhor e segui com meu tratamento.

Aquela pausa foi providencial. Por ser na semana do Natal, pude comemorar esse período tão lindo com muita alegria e um pouco mais de paz e força física.

As próximas semanas transcorreram tranquilamente e, com o uso do cateter para receber as medicações, não sentia dor ou sofrimento.

Começava, no entanto, a me sentir cada vez mais fadigada no pós-quimioterapia. Ficava de cama por dias após as aplicações. Mas isso era de se esperar. Nada fora do que já haviam me informado que eu sentiria. Eu também sentia meu paladar alterado, minha pele seca e frágil (sol, nem pensar!) e, de vez em quando, algumas dores. Já não saía multo de casa e dirigia só de vez em quando. Não conseguia me concentrar para ler, assistir à TV ou fazer qualquer outra atividade. Eu dormia, levantava, ficava sentada no sofá admirando a energia infinita de Murilo e voltava para a cama. Quando me sentia um pouco mais forte, levava Murilo ao parque, ao mercado ou à igreja e voltava para casa e dormia.

Tudo tem o seu tempo. Não acho que perdi tempo de vida. Vi aquele período como mais um de aprendizagem. Período complicado porque tirou minha autonomia e liberdade, mas foi de aprendizagem. Aprendi, naquele período, a não fazer planos, o que era muito difícil para mim. Eu não podia planejar uma simples ida ao mercado no período da tarde porque não sabia como estaria me sentindo em poucas horas. Vivia o momento. Quando acordava com energia, saía correndo para fazer o que precisava ser feito. E assim, meus dias transcorreram.

As coisas começaram a ficar mais intensas em janeiro de 2023. Meu corpo começou a me odiar de forma intensa por permitir que eu colocasse nele todo aquele medicamento.

E foi aí que eu comecei a ver tudo de uma forma diferente. Bem diferente.

Era início do ano e já estávamos todos gripados. Meu filho não melhorava com a medicação e nós já estávamos ficando bem preocupados. A saturação dele ficava cada vez mais baixa e ele amolecido em meus braços. Meu coração começava a ficar apertado. Ele não estava bem!

Levamos Murilo para o hospital após alguns dias tentando tratá-lo em casa, de acordo com as coordenadas da pneumologista dele e, durante aquela consulta no hospital, meu medo se concretizou. Ele seria internado.

Essa seria a terceira internação de sua vida. Contudo, dessa vez, eu não poderia ficar com meu filho no hospital. Ah, que dor!

Aquele era um dos piores momentos da minha vida. Ficar separado do meu filho naquele momento de doença na vida dele era como enfiar uma faca no meu coração. Pensei que não iria aguentar.

Foram cinco dias de muito sofrimento e muito amor. A sobrinha de Luiz, Luíza, e a irmã dele, Angélica, se ofereceram para ficar com Murilo no hospital, além de minha irmã e meu marido. Todos me davam informações, mandavam fotos, faziam videochamadas, mas eu não conseguia abraçar meu pequeno, dizer que iria ficar tudo bem esfregando meu nariz na testa dele, orar por ele em voz baixa ao pé do seu ouvido. Como doía tudo isso! Meu corpo não me respondia. Eu mal conseguia sair da cama.

Cinco dias depois, meu bebê voltou para o meu colo. Ele estava magrinho após dias sem comer e não estava falante, como sempre.

Aos poucos, ele voltou à vida de antes, recebendo todo o meu amor. E eu adoeci... literalmente.

Seis dias depois, foi minha vez de ser internada.

Agora, a dor não era emocional. Era física. E era quase insuportável! Eu sentia dores nas articulações das mãos, dos braços e das pernas. Minha mandíbula travou. Só abria a espessura de dois dedos. Minha pele estava coberta de pequenas bolhas de alergia. Precisava tomar analgésico o tempo todo para conseguir me mover. Era muita dor mesmo!

Antes de ser internada, ao tomar banho, eu orei e pedi misericórdia ao Senhor, porque não conseguiria viver com aquelas dores, caso elas se tornassem crônicas. Seria demais para mim! E Deus, em Sua infinita misericórdia, novamente, curvou-Se ao ouvir meu clamor e me curou. Quatro dias depois, eu estava de alta, com dores muito mais suportáveis que, com o tempo, desapareceram.

Conclusão: apenas uma reação à quimioterapia, juntamente com a debilitação emocional que eu havia tido com a internação de Murilo. Pelo menos, foi a conclusão que os médicos tiveram naquele momento. Será?

As Dificuldades

*O meu corpo e o meu coração poderão fraquejar,
mas Deus é a força do meu coração
e a minha herança para sempre. Salmos 73:26*

Outra surpresa que o mês de janeiro de 2023 nos trouxe foi em relação ao meu fígado. A imunoterapia com pembrolizumabe, medicamento que acompanhava a quimioterapia, me causou hepatite medicamentosa.

Essa notícia me trouxe um certo impacto, considerando as consequências que essa doença poderia acarretar. Passei quase dois meses tomando corticóides para nivelar meus índices. Sim. Um medicamento para resolver o problema que outro medicamento causara.

Além disso, fazia exames de sangue a cada três dias. Meus braços pareciam que eu fazia uso de entorpecentes. Os enfermeiros davam risadas quando eu comentava que, se a polícia me pegasse naquele período, eu seria presa na hora. Para quem não gostava de tomar remédio para dor de cabeça com medo de exagerar na quantidade de medicamento, eu havia me tornado uma farmácia ambulante. Tomava vários comprimidos por dia, fora a quimioterapia em si.

Após esse período, meus índices nivelaram, mas minha autoestima estava mais baixa do que nunca!

Eu fiquei extremamente inchada. Minha pele, esbranquiçada. Meu cabelo que havia ido embora há tempos e agora minha querida sobrancelha se fora! Que tristeza para uma mulher não se reconhecer no espelho.

Meu marido, sempre carinhoso, dizia que eu continuava linda. Eu sabia que ele estava tentando me confortar e meu coração agradecia pela tentativa.

No mês seguinte, fevereiro, outra aventura! Minha menstruação se foi. Eu estava oficialmente entrando na menopausa precoce. Só percebi que estava lidando com esse novo problema alguns meses depois, quando começaram os calores.

Ah, os fogachos!

Eu não conseguia dormir à noite. A cada hora, literalmente, eu acordava com as ondas de calor. Meu humor ficou extremamente volátil. Quando eu não dormia bem, era certeza de que o dia seguinte seria de cama, com cansaço extremo.

Não tinha opções! Precisava encarar mais aquela adversidade.

Durante todo esse período, contudo, não enfrentei apenas momentos ruins. Recebi muita notícia boa também. O tumor estava regredindo semanalmente nos exames clínicos, até que recebi da doutora a feliz notícia de que a quimioterapia havia causado uma resposta clínica completa. Em outras palavras, o tumor havia sumido ao toque. Agora, era só esperar o fim da quimioterapia para fazer os exames radiológicos e a cirurgia para saber se ele realmente havia sumido. Eu estava contando os dias para isso!

Toda semana, eu recebia mensagens de amigos e familiares perguntando como eu estava e várias outras demonstrações de amor sem fim. Tive familiares que rasparam suas cabeças quando souberam que eu estava com câncer, amigas do trabalho que fizeram o "Dia do Lenço", em que todas usaram lenços em apoio a mim, inúmeras mensagens nas redes sociais. Enfim, uma enxurrada de amor. Na semana do meu aniversário, fiz uma campanha de arrecadação para o GRAAC e, para minha surpresa, várias pessoas contribuíram. Consegui juntar mais de R$1.500,00 em poucos dias para a instituição. Fiquei orgulhosa! Lembro também de uma querida amiga de trabalho que havia perdido uma irmã para o câncer pouco tempo antes de eu ter revelado minha situação nas redes sociais e que decidiu doar todas as loções corporais que elas tinham comprado e nem utilizado, já que a irmã havia partido pouco tempo após o diagnóstico. Achei de um carinho tremendo, considerando a dor do luto que aquela família estava passando.

Minha família e eu sabíamos o que era a dor do luto e, por isso, nos impressionava tanto aquela atitude.

luto, dor, sofrimento e recomeço

Em maio de 2012, eu estava concluindo meu mestrado com sucesso. Foram muitos anos de luta até chegar àquele momento.

Tudo começou em 2005, quando minha querida prima Tania e seu marido John me ofereceram a oportunidade de estudar nos Estados Unidos. Eu ainda estava no meu primeiro ano da faculdade de Letras e meu inglês era bem rudimentar.

Naqueles próximos anos, eu, que sempre fui estudiosa, dei tudo de mim para não perder aquela grande oportunidade. Estudei inglês e tirei notas altas na faculdade e depois na pós-graduação para poder ser aceita em uma faculdade americana.

Para minha alegria, em 2010, eu fui aceita em 2 das 3 faculdades em que me inscrevi. Sim, eu era o orgulho dos meus pais! Em 2012, após dois anos de intenso estudo, eu estava me formando. Me tornei mestre em Ensino de Inglês como Segunda Língua com ênfase em Linguística.

Que alegria!

Minha irmã diz até hoje que foi nesse período que enlouqueci de vez! Não consegui contestá-la até hoje!

Meu pai, homem doce e inspirador, estava muito orgulhoso. Me enviava e-mails diários com palavras de carinho e apoio. Ele, juntamente com minha mãe, iria para os Estados Unidos participar de minha formatura e, naquela semana, ele me enviou um e-mail com os seguintes dizeres:

"Eu sei que esse coração está a mil com tantos eventos tão importantes chegando, mas quero dizer que papai está orando todos os dias e sempre para que Deus aquiete o seu coração e te dê paz, muita paz. Provérbios 3:2 porque eles te darão longevidade e anos de vida e paz. Beijos do pai, Farias"

Seria o momento da coroação de sete anos de trabalho intenso, cinco de preparação fazendo uma graduação e uma especialização, e dois de mestrado. Mas a ida deles para os Estados Unidos não estava nos planos de Deus.

Cinco dias antes da viagem, meu pai teve um infarto. Foi internado e passou por vários procedimentos. Nenhum deles, contudo, foi capaz de trazê-lo de volta à vida. Exatos cinco dias depois, ele foi para o Céu.

Naquela madrugada, lembro de não conseguir dormir. Deitada no sofá da sala, eu ouvia hinos sem parar. Em um momento muito íntimo com Deus, eu ouvi a música de Horatio Spafford:

> *"Se paz a mais doce me deres gozar,*
> *Se dor a mais forte sofrer;*
> *Oh! Seja o que for, Tu me fazes saber,*
> *Que feliz com Jesus sempre sou!*
> *Sou feliz com Jesus,*
> *Sou feliz com Jesus meu Senhor!"*[1]

Meu pai estava indo para o Céu neste exato momento. A dor foi imensa, mas a paz tomou meu coração.

Não consegui participar do velório ou enterro porque não cheguei ao Brasil a tempo. Dizer adeus para um homem tão marcante não foi fácil. Reconstruir minha vida sem ele foi uma das maiores dores que alguém poderia ter. Foram anos de luto e sofrimento. Apesar da alegria que o nascimento do meu sobrinho Samuel nos trouxe posteriormente, uma vida não substitui outra. Precisávamos lidar com a morte, apesar da vida.

Agora éramos apenas eu e minha mãe, já que minha irmã já estava casada. Meu cunhado, Sérgio, era um homem de Deus. Nos ajudou imensamente em todo o processo de internação de meu pai, falecimento e luto. Alguns meses depois, minha mãe e eu decidimos nos mudar da casa onde morávamos para um apartamento pequeno.

Foi por volta desse período que minha mãe começou a apresentar sintomas de fibromialgia mais visíveis. Ela chegava a ficar por horas em cima da cama gemendo de dor. Era uma situação horrível de acompanhar.

Um dia, ela me ligou no trabalho e disse que estava passando muito mal. Saí do trabalho em disparada para casa, coloquei-a no carro e saí novamente em alta velocidade para socorrê-la. No meio do caminho, encontrei uma viatura e pedi para que eles nos ajudassem a chegar ao hospital mais rápido.

Foi incrível cortar o trânsito atrás de uma viatura e, apesar de o momento ser horrendo, essa foi uma das experiências mais legais que já tive.

Naquele dia, o diagnóstico foi dado após tantas idas a hospitais e consultas nos últimos meses. Era fibromialgia e o tratamento era medicamentoso e com acupuntura. Nossa qualidade de vida, a partir daí, melhoraria um pouco. Alguns anos depois, em 2016, decidimos viajar para a Paraíba, lugar maravilhoso onde meus pais nasceram. Aquele lugar das mais lindas belezas naturais era nossa raiz e onde encontrávamos descanso do corpo e da alma.

Minha mãe ainda estava bem afetada pela fibromialgia, principalmente porque o frio a fazia sentir mais dores e morar em São Paulo, onde boa parte do ano faz frio, não ajudava.

Em um dia ensolarado na Paraíba, ao passar por uma casa em construção perto de onde minha tia Glória, irmã dela, morava, minha mãe se encantou e disse: "Vou morar aqui. Essa vai ser a minha casa." E ela não estava de brincadeira.

Em questão de três meses, nós organizamos os documentos, separamos nossos pertences (Sim! Quase como em um divórcio amigável) e ela se mudou para a Paraíba. Uma nova história para nós duas.

A partir daquele momento, ambas começamos a morar sozinhas!

Aqui em São Paulo, eu comecei a trabalhar mais, como todo bom paulista, não só porque agora eu não teria com quem dividir as dívidas mensais, mas porque eu me sentia sozinha. Já não tinha tantos amigos. Era o que eu poderia fazer para ocupar o meu tempo. Chegava a ir a cinco lugares diferentes no mesmo dia, entre escola e alunos particulares. Era uma vida intensa e cheia de responsabilidades.

Minha mãe estava cada dia mais disposta. Ao montar sua nova casa dos sonhos, ir para a praia com mais frequência ou para a academia e seguir sua rotina médica, ela via sua saúde melhorar. Eu fiquei triste por estar longe da minha mãe, mas muito feliz e orgulhosa pela decisão que ela havia tomado. Ela sempre foi uma mulher de fibra e decidir morar longe das filhas havia sido mais uma decisão que mostrava o quanto ela era forte.

quimioterapia e alergias

Eu havia feito por volta de nove aplicações semanais de um total de doze da série branca. Essa fase era chamada assim pela cor do medicamento usado. Foi nesse período que começaram as alergias mais intensas.

Fiz uma aplicação e senti um certo calor e mal-estar mas, naquele ponto do tratamento, já não sabia distinguir honestamente o que estava incomum no meu corpo. Era muito desconforto que eu sentia o tempo todo. Então, um enjoo ou um calor a mais poderia ser qualquer coisa.

Enfim, quando cheguei em casa naquele dia e tirei a máscara, minha família me olhou horrorizada. Eu estava toda inchada. Não só meu rosto, mas também descobrimos que meu pescoço, costas e barriga estavam cheias de erupções cutâneas, o chamado rash. Na semana seguinte, logo após a aplicação, senti o mesmo mal-estar, mas com maior intensidade. Quando tirei a máscara para mostrar para os enfermeiros, aconteceu uma comoção geral. Eu estava toda deformada novamente. E lá volto eu para mais uma infusão de antialérgico. Essa situação se repetiu até a última sessão das doze aplicações.

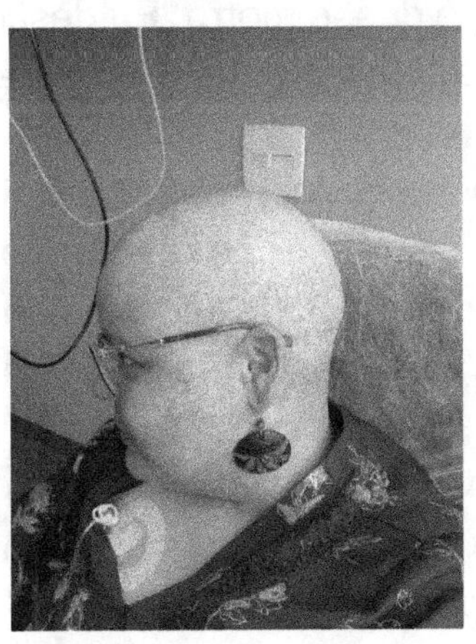

Muitas emoções até o último momento. Foi um alívio quando tudo acabou. Eu agora teria apenas outras quatro sessões quinzenais! Meus problemas haviam acabado!

Celebração!!!

Aquela sensação de alívio após intenso sofrimento não me era nova. Me lembrava de quando eu havia me perdido na infância.

perdida e sozinha

Eu tinha quatro anos quando fomos para um retiro com os irmãos da igreja. O lugar era muito bonito, cheio de árvores e amplo.

Como criança, era muito bom poder brincar em uma área livre. Nossa igreja tinha o costume de fazer passeios desse tipo. Cada família levava um prato de salgado e de doce para compartilhar com os outros. Éramos todos muito pobres. Mais um motivo para aqueles momentos serem tão especiais.

Na hora do almoço, os irmãos já estavam se reunindo para compartilhar os pratos quando minha mãe pediu para que eu fosse chamar minha irmã, que estava no playground. A área onde nos encontrávamos reunidos ficava no alto de um morro. De lá, conseguíamos ver o playground que ficava no pé desse morro. Eu desci o morro, fui até minha irmã e a chamei, mas ela, obviamente, disse que brincaria só mais um pouquinho.

Obediente que eu era, não fiquei esperando por ela e decidi voltar imediatamente, mas meu senso de direção, como sempre prejudicado, me levou em outra direção. Eu andei, andei, andei e não cheguei até minha mãe. De fato, não conseguia identificar ninguém conhecido.

Comecei a ficar ansiosa.

Quanto mais eu andava, menos gente eu via. As árvores ficavam cada vez mais altas e o caminho mais fechado por elas.

Eu comecei a chorar.

E vomitar.

Sentia muito medo.

Em minha mente pueril, ao invés de parar e esperar por alguém, eu seguia andando sem parar. Eu queria achar minha mãe.

Três horas depois, um homem gritou: "Ei, menina! Para onde você vai?" E eu disse que ia encontrar minha mãe. Ele me chamou e me sentou em uma cadeira dentro de uma cabine, perguntou o nome dos meus pais e quais roupas eles usavam.

Eu estava inconsolável.

Meu nível de ansiedade estava fora de controle.

Algum tempo depois, eu vi meu pai, junto com várias outras pessoas da minha igreja, correndo em minha direção. O homem, que havia me chamado, trabalhava no acampamento onde fazíamos o retiro, e eu estava na saída do local em direção a outro acampamento. Ele avisou pelo alto-falante que havia encontrado uma menina e fez uma breve descrição de como eu era, e meu pai, juntamente com outros membros da igreja, prontamente foram correndo me buscar no local indicado pelo homem. Meu desespero se transformou em alegria. Aquelas três horas de terror agora haviam se transformado em gozo. Eu estava nos braços do meu pai, protegida novamente.

Eu havia corrido grande risco, não apenas por estar à mercê de qualquer pessoa mal-intencionada, mas também porque aquele acampamento estava em reforma. Eles estavam abrindo poços artesianos e eu havia desviado de vários deles no percurso que fiz. Deus me guiou e me protegeu.

Ah, como Deus é bom o tempo todo! De eternidade a eternidade, Ele é Deus.

fim de uma fase, início de outra

Era o mês de março de 2023 e eu começava a fase vermelha. Já na primeira aplicação, percebi que o negócio não iria ficar muito bom para o meu lado. O tempo de aplicação parecia um sonho: por volta de duas horas e meia apenas. Mas os efeitos colaterais eram bravos. Eu ficava treze dias de quatorze na cama. Muito mais fadigada do que antes. Às vezes, não conseguia me mexer. Era uma sensação muito ruim. Sentia muita náusea. Precisava de dois medicamentos para diminuir essa sensação horrível. Um a cada seis horas e outro a cada oito. No dia seguinte a cada aplicação, eu tomava uma injeção de medicamento para aumentar minha imunidade. Essa injeção me causava dores nas pernas e na lombar.

Esse período foi de muita reflexão. Não conseguia fazer qualquer tipo de atividade artística que me distraísse. Estava sobrevivendo a cada dia. Passava horas olhando o céu pela janela do meu quarto e pensando sobre a vida e o quanto perdemos tempo ansiosos sobre um futuro que não pertence a nós. Sobre como a vida é um sopro. Sobre como não temos controle de nada. Sobre como nos amedronta a morte ou a vida com doença. Sobre como vivemos de aparência com medo de sermos julgados. Sobre como julgamos outras pessoas para esconder nossos próprios medos ou nossos próprios erros.

Fim da Quimioterapia

Sim, coisas grandiosas fez o Senhor por nós,
por isso estamos alegres.
Salmos 126:3

Dois meses intensos, sete meses de sofrimento... acabou... passou. Última sessão de quimioterapia. Nunca vou esquecer o dia 20/04/2023.

O dia em que entrei para as estatísticas. Eu venci! Meu Deus! Como Tu és bom e não abandona os seus.

Aquele dia já começou de forma muito especial! Minha irmã havia decorado o carro com os dizeres "Última quimio! Buzine"

Minha nossa!

Quanta demonstração de amor!

Ouvimos muitas pessoas buzinando, fazendo sinais de coração ou de oração; muitos parabéns, muitas histórias de vitória compartilhadas rapidamente enquanto esperávamos um semáforo abrir ou ficávamos parados no trânsito; cheguei até a ganhar um livro de um rapaz!

Tudo muito inacreditável!

Impressionou a habilidade dos motociclistas em conseguirem, em alta velocidade, ler o que havia no carro e buzinar. Choramos várias vezes com o carinho deles! Já cheguei no hospital muito emocionada e empolgada ao mesmo tempo.

Todos ficaram sabendo que seria minha última sessão, do porteiro ao enfermeiro, da atendente ao paciente ao lado! Não gritei ou fiz escândalo. Que isso fique claro! Só não parava de falar para todo mundo sobre minha vitória.

Até usei uma tiara na cabeça com orelhas da Minnie (isso graças à minha irmã, que também passou essa vergonha comigo!).

A sessão transcorreu sem grandes surpresas e logo chegou o grande momento: MEU SINO! Era minha vez de ouvir: "Acabou! Acabou! Acabou! Acabou!" Meu coração quase parou. Ali, junto com minha irmã, que me acompanhou em minha primeira sessão e agora na última, e meu marido, homem incrível que Deus havia me dado, eu rejubilava no Senhor por aquela vitória!

Bendito seja o nome do Senhor, Rei do Universo, por Sua graça infinita e por Seu amor e misericórdia! Como eu te amo, meu Deus, por tudo o que és!

a conquista

Meus pais diziam que eu sempre gostei de receber parabéns. E eu me esforçava para isso. Estudava muito para receber notas altas. Sim. Eu era uma nerd.

Meus primeiros anos na escola foram difíceis. Minha professora, que me acompanhou até a terceira série, não era muito compreensiva e dividia a turma entre burros e inteligentes. Eu ficava com os burros porque não conseguia aprender a escrever. Eu era canhota e não compreendia a lógica de copiar alguém que escrevia com a mão oposta. Além disso, tenho uma natureza calma e copiar o que estava escrito na lousa rapidamente era um desafio maior do que eu poderia dar conta. A partir da quarta série, comecei a tirar notas boas na escola. Lembro que, nesse ano, a professora de português falou algo que mudaria minha vida. Ela disse: "Você é muito inteligente! Você escreve muito bem!" Pronto. Era o que eu precisava ouvir para ter confiança na minha capacidade.

Às vezes, nem imaginamos como podemos influenciar positivamente a vida das pessoas ao nosso redor. Uma palavra de incentivo pode mudar a trajetória de alguém. Talvez por isso eu tenha me tornado professora.

Os anos seguintes foram de muito estudo e de muito esforço. Na faculdade, chegava a passar de três a inacreditáveis sete horas estudando para atingir notas máximas e, assim, aumentar minhas chances de ser aprovada em faculdades nos EUA.

E consegui.

Consegui tirar excelentes notas em todo o processo. Após tanta luta, chegou a época da minha formatura na graduação.

Que alegria!

Era a primeira vez que eu participava de uma colação. Estava dividindo esse momento com minha irmã, uma vizinha querida e minha prima. Nós três havíamos estudado na mesma faculdade.

Entre receber meu canudo, cantar aquela música de Roberto Carlos "Como é grande o meu amor por você" e fazer o juramento, eu não sei dizer em que momento chorei mais. Foi uma emoção sem fim.

a festa

Chegando em casa após a última quimioterapia, para minha alegria, vi minha casa toda decorada para celebrar minha conquista. Todos vestiam camisetas escritas "Última quimio" e a casa estava com um cheiro delicioso de pão recheado que nossa querida amiga Marta havia preparado.

Que festa linda! E melhor de tudo: quanto orgulho minha família estava de mim! Minha mãe chorava de emoção. Como estávamos felizes naquele momento! Como eu me regozijava em meu Senhor por aquela grande vitória! Meu corpo estava exausto com toda aquela química, mas minha alma estava saltitante!

Onde está o Tumor?

Meus irmãos, considerem motivo de grande alegria o fato de passarem por diversas provações, pois vocês sabem que a prova da sua fé produz perseverança. E a perseverança deve ter ação completa, a fim de que vocês sejam maduros e íntegros, sem que falte a vocês coisa alguma.

Tiago 1:2-4

Ficar alegre por sofrer é algo que ultrapassa nossa compreensão humana. Apenas quando vivemos em contato com o mundo espiritual é que certas coisas fazem sentido.

Na segunda-feira após o fim da quimioterapia, minha mãe e eu fomos fazer os exames pré-operatórios e passar com o anestesista para ele dar autorização para a cirurgia. Tive que ir de andar em andar do prédio, sendo empurrada em uma cadeira de rodas por minha mãe, porque eu sentia muito cansaço e falta de ar por ter que me levantar.

Como expliquei anteriormente, o cansaço pós-quimioterapia era realmente muito intenso, ou pelo menos era o que eu achava.

Fiz mamografia de controle e, logo em seguida, fui encaminhada para fazer o ultrassom e a ressonância magnética. Durante a ultrassonografia, o médico começou a análise da mama esquerda, onde havia o tumor, e eu estranhei a reação dele. Ele de repente pareceu ansioso. Levantou-se e analisou novamente. Comecei a agradecer ao Senhor porque algo me dizia que a impaciência do médico era algo bom.

O doutor pediu minha licença para rever os exames antigos novamente. Após algum tempo, ele voltou com outro médico, chefe do departamento, que simplesmente disse: "Realmente desapareceu! Ambos os seus nódulos sumiram! Câncer do tipo triplo negativo responde muito bem à quimioterapia!"

E foi assim que, ao reencontrar minha mãe, eu chorei ao contar para ela. E nós agradecemos a Deus no meio do hospital! E todos ficaram felizes por nós. Deus é bom o tempo todo!

Após receber o resultado da ressonância magnética que mostrava que o tumor havia desaparecido, enviei mensagem para todo o mundo. Precisava compartilhar aquela graça com o mundo! Todos precisavam saber que o Deus Todo-Poderoso havia me curado. Eu passaria por cirurgia, mas ela seria bem menos invasiva. A possibilidade de ter que voltar a fazer quimioterapia também diminuía.

Enfim, eu estava muito feliz.

sumiu

Mais de vinte anos antes, minha mãe também recebeu o diagnóstico de câncer de cólon de útero. Foi um grande choque para minha família.

Uma manhã, escutando o rádio, minha mãe ouviu uma oração para a cura da irmã Vera, que estava com câncer. Ela orou junto com o radialista e sentiu a mão do Senhor a curando. Pouco tempo depois, a médica da minha mãe pediu para que ela fizesse alguns exames e assim ela o fez. Para surpresa da médica, o câncer havia sumido.

Minha mãe precisou repetir os exames por diversos meses, porque a médica não acreditava em milagres e, em todos eles, até os dias de hoje, o resultado é o mesmo: o câncer sumiu.

o anestesista

Após me alegrar com o resultado dos exames, foi a vez de passar pelo anestesista. O médico já estranhou o fato de eu ter entrado na sala dele de cadeira de rodas. Tudo bem que eu havia passado por quimioterapia há pouco tempo, mas aquele cansaço lhe pareceu estranho. Foi assim que ele decidiu que não me daria autorização para a cirurgia. Pelo menos não naquele momento. Ele pediu para que eu fizesse um exame de sangue complementar e que agendasse outra consulta com ele para aquela sexta-feira, antes do retorno com o mastologista, que marcaria a data da cirurgia.

No dia seguinte, terça-feira, fiquei extremamente debilitada. Não conseguia respirar direito. Era de se esperar. Eu me esforcei muito no dia anterior.

Agendei para que o exame de sangue fosse feito em casa. Assim, me cansaria menos e com certeza me sentiria melhor para as consultas na sexta-feira. Não tinha como dar errado. Era só descansar mesmo. Um dia de cama faria milagre!

Só que não era esse o plano de Deus.

Naquela mesma noite, me senti melhor, levantei da cama e fui assistir a um pouco de TV na sala. Quando fui voltar para o quarto para dormir, simplesmente não consegui. Meu Deus! Essa última sessão de quimioterapia havia acabado com toda a minha energia! Luiz me levou até a cama e eu fiquei sufocada, sem ar. Não conseguia respirar. Depois de ficar deitada por um tempo, o fôlego voltou. À essa altura, Luiz já estava desesperado. Eu só disse: "Fique tranquilo! Me faltou o ar por dois meses. Agora acabou. É só resquício da última quimioterapia!"

No dia seguinte, fiquei um pouco melhor, fiz o exame de sangue em casa, graças ao laboratório que fazia coleta domiciliar, voltei pra cama e lá fiquei o dia todo. Por alguma razão, meu corpo não estava se recuperando bem da última aplicação de quimioterapia. Eu não conseguia melhorar.

Na quinta-feira, levantei superdisposta, dei café da manhã para meu filho Murilo, escovei os dentes dele e, do nada, sentei no sofá em completa exaustão, novamente.

Que estressante tudo isso!

Pedi ao Luiz que me levasse novamente até o quarto para que eu descansasse mais um pouco. O cansaço era muito grande!

Minha irmã, por alguma razão, havia decidido fazer home office da minha casa naquele dia. Hoje vemos que foi uma ação divina porque, ao irem até o quarto checar como eu estava, perceberam que eu estava roxa novamente. Agora não havia muito o que fazer. Eu não queria, mas precisava ir para o hospital. O plano era o seguinte: minha irmã ficaria com meu filho juntamente com minha mãe, enquanto Luiz me acompanharia até o hospital.

E assim foi.

Ligamos para o SAMU porque eu não me sentia confortável em ir para o hospital em que eu já fazia tratamento de carro pela tremenda falta de ar que sentia. De ambulância, pelo menos eu teria oxigênio, caso fosse necessário. O hospital ficava longe e o trânsito era muito intenso para chegar lá.

Quase duas horas depois, quando as enfermeiras do SAMU chegaram, olharam para mim e deu para ver nitidamente pela feição delas que elas não acreditaram no que dissemos para elas. Acharam que estávamos exagerando. Que era apenas ansiedade. Uma até chegou a dizer que o problema estava nos meus chakras. Ao ser colocada na ambulância, me ataram à maca e todas se sentaram na parte da frente da ambulância, já que meu caso não era grave.

Chegando ao hospital de escolha dos enfermeiros do SAMU, todavia, o cenário mudou. Eu estava roxa e todos se assustaram. Fui encaminhada diretamente para a emergência e, por estar com taquicardia, fizeram um eletrocardiograma para ver se eu não estava infartando.

Não. O problema não era esse.

Após uma tomografia, teste de Covid, de Influenza, hemograma, entre outros, descobriram finalmente qual era o meu problema: eu estava com uma embolia pulmonar. Fui encaminhada diretamente para a UTI.

Meu estado era, sim, grave.

A Internação

Mesmo quando eu andar por um vale de trevas e morte,
não temerei perigo algum, pois tu estás comigo;
a tua vara e o teu cajado me protegem.
Salmos 23:4

Eu olhava para aquelas paredes brancas, para o monitor soando e pensava: "Meu Deus! O que está acontecendo? Que caos é esse?" Era como se eu estivesse anestesiada!

Minha família estava bem abalada! Apesar de saberem que eu não estava bem, ninguém imaginava que eu ficaria internada novamente.

Nessa época, a Marta, que cuidava de Murilo, estava bem gripada e com uma séria crise de asma e pediu para que encontrássemos outra pessoa para cuidar de Murilo enquanto ela se recuperava. Não muito tempo depois, por um milagre de Deus, encontramos a querida Guigui, que ficaria com nosso menino até o fim daquele ano. Me confortava um pouco saber que ele seria bem cuidado e que não sobrecarregaria minha irmã e mãe em um momento tão difícil!

Ao fazer uma telechamada para falar com Murilo, percebi de imediato que ele também estava com crise de asma. Instruí a minha irmã, que estava na minha casa junto com minha mãe, a dar a medicação necessária e liguei para o médico dele. O pneumologista reajustou a dosagem e disse que, se Murilo não melhorasse em cinco dias, era necessário que ele também fosse levado ao hospital.

Que aflição!

Será que ele ficaria internado também da mesma forma que havia ocorrido em janeiro?

Enquanto isso, no hospital, os médicos pareciam não saber ao certo como proceder. Eu começava a ficar angustiada. O que me tranquilizava é que nós já havíamos combinado com a médica do turno da noite que me recebera na UTI que ela entraria com o pedido de transferência para o hospital onde eu fazia tratamento. Lá, eles já conheciam meu histórico e, por ser um hospital de tratamento de câncer, saberiam quais medicamentos eu poderia tomar ou não.

Apesar da atitude perdida dos médicos daquele hospital, a atitude amorosa e assertiva dos enfermeiros me encantou. Que time de enfermeiros incrível! Essa profissão é, sem dúvida, uma das mais valorosas que temos! Entra na lista de carreiras que devem ser escolhidas por dom e não por qualquer outro interesse.

Por estar na UTI, eu não poderia ter um acompanhante e visitas não eram autorizadas pela suspeita de COVID que ainda havia. Enquanto o resultado não saísse, eu estava por minha conta.

Por estar com embolia pulmonar, eu não podia sair da cama. Aqueles enfermeiros, com a maior paciência, me davam banho na cama, me ajudavam com a comadre ou com a fralda (que vergonha é para um adulto ter que usar fralda!) e me acalmavam quando a falta de ar me deixava inquieta. Não era fácil tomar toda aquela medicação nas minhas veias tão debilitadas, levar duas injeções na barriga por dia para a trombose e picadas para exames de sangue o tempo todo. Se não fossem aqueles anjos enfermeiros, eu não teria resistido por tanto tempo sem pirar.

Na sexta-feira à tarde, dia seguinte à minha internação, descobri que a documentação para a transferência para o outro hospital não havia sido enviada pela médica do período noturno, como havíamos combinado. Também haviam perdido um dos exames que eu havia feito na emergência. Por ser extremamente inconveniente, não aceitei fazer o exame do cotonete novamente e pedi transferência imediata para o meu hospital.

É claro que a transferência não ocorreu de imediato. Era uma sexta-feira e, como sabemos bem, o Brasil não funciona no fim de semana.

No sábado, segui tomando os medicamentos, fazendo fisioterapia respiratória e seguindo em fé de que logo sairia do hospital.

No domingo, pude receber visitas. Meu Lulu apareceu enquanto eu fazia um dos exercícios respiratórios com uma máquina que forçava meu pulmão a reagir. Era um exercício bem desconfortável, mas, que de alguma maneira, me trazia algum alívio. Eu já estava conseguindo ficar sentada na poltrona e havia conseguido tomar banho de chuveiro com a ajuda da cadeira de banho.

Minha falta de ar era inacreditável após essas atividades, mas eu estava feliz em ter um pouco mais de mobilidade.

Após a visita do meu marido, eu fui assistir a um pouco de TV. Me sentia muito incomodada. Pedi à fisioterapeuta para esperar para fazer os exercícios de respiração depois. Do nada, um cansaço, como o que eu sentia na época da quimioterapia, me tomou e eu não conseguia me mover.

Comecei a chorar.

Era muito difícil para mim aceitar que, quase vinte dias após a última aplicação, eu ainda não me sentisse bem, com pelo menos um pouco mais de vigor.

O médico e o enfermeiro-chefe passaram e recebi novamente aquele olhar de descrença, como se eu estivesse exagerando ou me vitimizando.

Que raiva!

Após deliberação entre eles, decidiram chamar uma psicóloga para que eu me consultasse. Para eles, estava óbvio que o meu caso era de estresse!

À noite, outra fisioterapeuta não muito amistosa veio fazer o exercício respiratório com a máquina. Pedi gentilmente para fazer o exercício após a saída das minhas visitas, já que, para fazer o exercício, era necessário que eu colocasse uma máscara facial, o que me impedia de falar normalmente. A fisioterapeuta não aceitou bem o pedido e, após a saída das visitas, voltou e colocou a máscara extremamente apertada no meu rosto e saiu batendo as portas.

Nunca senti tanta dor no maxilar como naquela noite. Foram quarenta minutos de tortura. Tentei avisá-la de que a máscara estava apertada demais, mas ela apenas me disse que, se a máscara não ficasse apertada, a máquina não funcionaria direito e o exercício não daria certo. Como resultado, meu rosto ficou com uma mancha roxa e a dor no maxilar durou por um tempo.

É triste quando pessoas são usadas para tirar a nossa paz! Eu estava tão feliz por ter recebido visitas e, de repente, alguém havia tirado aquilo de mim. Não. Eu não aceitaria que situações me tirassem do foco. Orei e a paz voltou.

No dia seguinte, tive uma conversa muito alegre com a psicóloga por uma hora. Ela me disse, ao final da consulta, que eu estava muito bem e que ficava feliz por eu ter uma excelente rede de apoio e uma fé que me sustentava em momentos difíceis. Como eu imaginava, meu problema não era psicológico, era físico.

Naquele mesmo dia, os médicos me trouxeram a ótima notícia de que provavelmente eu receberia alta no dia seguinte. Seria imediatamente transferida para o quarto. Que alegria!

Pouco tempo depois da visita dos médicos, a enfermeira-chefe veio falar a respeito da transferência para meu hospital. Expliquei que não se fazia necessário, já que eu receberia alta no dia seguinte.

Naquela noite, no entanto, tive febre alta e, após uma série de novos exames, a resposta foi: eu estava com pneumonia também.

Seis dias internada.

Já não tinha forças para lutar. Eu estava cansada. Muito cansada. Eu só pensava no meu filho, no meu bebê. Ele estava melhor da crise de asma. Não precisaria ir para o hospital e, consequentemente, ser internado, graças a Deus! Mas o meu coração de mãe estava muito apertado! Eu sabia o quanto ele precisava de mim e eu estava lutando tanto, mas a situação não melhorava. Eu só queria dar um abraço bem apertado nele e sentir o cheirinho do seu cabelo. Como eu amava aquele pequeno!

Na quarta-feira, mudaram os meus medicamentos. Eu iniciaria um novo antibiótico. Como fui transferida para o quarto, pedi para que Luiz ficasse comigo no hospital. Eu estava muito sozinha há muito tempo. Precisava de companhia. Precisava de um carinho.

À noite, comecei com o novo antibiótico e minhas alergias voltaram a atacar. Nos próximos dias, passaria por dois outros antibióticos. Meu corpo estava coberto de alergia. Eu me coçava toda. A situação já havia se tornado motivo de piada entre nós. A cada novo medicamento: surpresa! Alergia novamente.

Essa intolerância do meu corpo a medicamentos fortes era uma herança da quimioterapia que eu carregaria por algum tempo. Algumas outras vezes, meses depois, eu apareceria com algum tipo de urticária que desapareceria sem deixar explicação de o porquê.

Em uma das noites, minha febre ficou tão elevada que as enfermeiras tiveram que trocar os lençóis três vezes por estarem ensopados de suor. Foi uma experiência muito estranha. Parecia que a noite não iria acabar. Durante as manhãs, médicos entravam e saíam, me passando informações desencontradas. Aquilo me assustava! Será que eles sabiam o que estavam fazendo? Eu sabia que Deus cuidaria de mim e que eu sairia daquela situação, mas quanto tempo mais precisaria ficar internada?

Duas cunhadas queridas ficaram comigo no hospital revezando-se com Luiz, já que minha irmã e minha mãe precisavam cuidar do Murilo, que, apesar de não estar com crise de asma, ainda inspirava cuidados. Tive longas conversas com minhas cunhadas, Angélica e Paula. Que momentos gostosos em meio ao caos! Como foram atenciosas e sensíveis à minha situação. Eu me encontrava extremamente inchada e com falta de ar ainda.

Minha aparência estava horrenda! Já havia sido confundida com um homem por uma das enfermeiras. Eu continuava extremamente inchada e com uma penugem na cabeça que alguns insistiam em dizer que era cabelo. Minhas sobrancelhas e cílios eram inexistentes. Um dos enfermeiros até brincou, dizendo: "Pára de chorar. Vão pensar que eu estou batendo em você!" A questão é que, por não ter cílios, tudo caía nos meus olhos. Eu precisava usar colírio o tempo todo para aliviar a sensação de ardência e parar um pouco de lacrimejar.

Após alguns dias, já havia me livrado dos exercícios respiratórios da máquina, mas permanecia muito cansada a qualquer saída da cama. Eu acreditava que logo voltaria ao normal, mas como estava demorando! Após treze dias de muito sofrimento, os médicos me deram a mais feliz das notícias: eu estava de alta. Finalmente, poderia abraçar meu pequenino! A gente já tinha sofrido demais separados há tanto tempo! Minha cunhada Angélica, que estava comigo naquele dia, me trouxe para casa e meu coração não poderia ter se enchido mais de alegria! A indicação médica é que eu continuasse a medicação para trombose e que retornasse ao pneumologista para dar continuidade ao tratamento o quanto antes.

Desânimo

Entregue o seu caminho ao Senhor; confie nele, e ele agirá. Salmos 37:5

Minha cirurgia de mama, que deveria ter sido marcada naquela semana em que eu fui internada, tinha sido adiada por razões óbvias.

Na terça-feira, um dia após minha alta, fui ao hospital em que fiz o tratamento do câncer para dar prosseguimento aos preparativos para a tão esperada cirurgia. No caminho para o hospital, senti uma falta de ar e uma palpitação muito intensa. Só pensava: eu prometi ao Murilo que voltaria para casa. Não posso ficar internada novamente! Meu coração estava muito apertado.

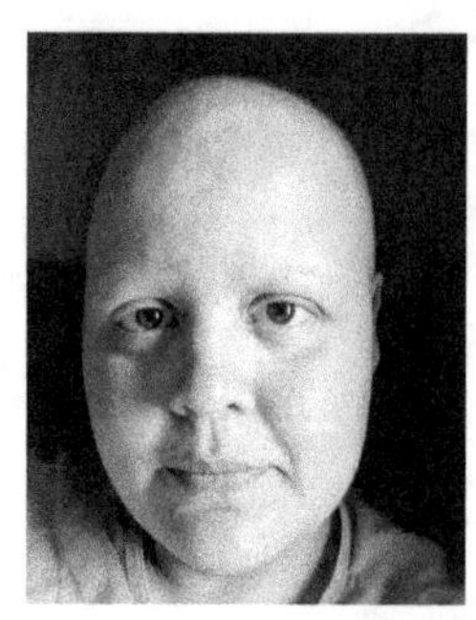

Chegando ao hospital, pedi ajuda. Não me sentia bem realmente. Fui examinada e concluíram que eu estava bem. Era apenas uma crise de pânico. Eu havia passado por muito estresse. Só isso.

Fui para a consulta com a anestesista e novamente fui reprovada. Precisava tratar aquela falta de ar primeiro e resolver a questão do medicamento de trombose com o cirurgião vascular antes da cirurgia. Não podia arriscar entrar numa cirurgia com todas aquelas questões de saúde pendentes.

Voltei para casa um pouco desapontada, mas feliz por ter recomeçado os processos para a cirurgia. Em casa, tentei seguir com minha rotina, mas meu marido sempre me dizia: "Lu, tem algo de errado. Você continua muito cansada. Não seria melhor voltarmos ao médico só para fazer uma análise geral?" Eu insisti que fazia parte do processo, mas que, se eu não melhorasse, eu voltaria ao médico na sexta-feira.

Quinta-feira à noite chegou e todos em casa insistiram que eu não podia continuar em casa. Havia algo de errado. Voltamos para o hospital de nossa confiança, onde havia feito o tratamento. Meu cunhado e meu marido me levaram de carro.

Eu estava com muito desconforto respiratório e com o coração abalado com a hipótese de voltar a ficar internada. No caminho, ouvindo rádio, uma música mexeu com meu coração e me deu um pouco de coragem. Aquilo iria passar, também. A letra dizia:

"Não desista, não pare de crer
Os sonhos de Deus jamais vão morrer
Não desista não pare de lutar
Não pare de adorar
Levanta os teus olhos e vê
Deus está restaurando os teus sonhos
E a tua visão.[2]

Chegando no hospital, pedi uma cadeira de rodas porque não aguentava andar.

Sinal vermelho.

Na triagem, expliquei a situação e, para minha surpresa, estava com febre. Fui encaminhada para atendimento com um médico bem novinho. Ele pediu para ver meus exames da última internação, pediu novos exames de sangue e uma tomografia para comparar. Resultado: eu estava com um trombo gigantesco na veia cava localizado no pescoço.

Meu caso novamente era de urgência.

Fui encaminhada diretamente para a UTI, com recomendação veemente para evitar ao máximo me mover, para que o coágulo não migrasse para meu cérebro. Dois dias após minha alta e eu voltava à UTI.

Estava perdida no meio do nada.

no meio do nada

Quando morei nos Estados Unidos, comecei a dirigir. Foi uma experiência incrível de liberdade e, ao mesmo tempo, de medo do desconhecido.

Eu morava em uma cidade rodeada por rodovias. Qualquer erro de direção e eu caía em uma rodovia. Isso era aterrorizante para uma motorista principiante.

A cidade de Edwardsville era pequena, mas muito aconchegante. Ela possuía lagos, muitas árvores, principalmente no campus onde eu estudava, várias lojinhas pitorescas e casas que se assemelhavam às de boneca. Eu amava explorar cada canto daquele lugar, mas, para isso, era necessário superar o medo de me perder.

Por ser pequena, Edwardsville fazia divisa com várias outras pequenas cidades. Alguns minutos de carro pela rodovia e eu chegava em outra cidade. Meu GPS era meu melhor amigo, mas muitas vezes me deixava na mão. Ele era do modelo antigo e, por vezes, se encontrava desatualizado.

Uma vez, decidi ir a um lugar sozinha à noite. Coloquei o endereço no GPS e o percurso parecia tranquilo. Dirigi confiantemente, acreditando estar seguindo as instruções do GPS para o local. Comecei a entrar em uma área de aparência rural, extremamente isolada, num breu assustador. Após dirigir por vários minutos naquela área, algo que hoje em dia eu nunca faria, cheguei a um lugar, no meio do nada, em frente a uma cerca de arame, sem visualização de nada após a cerca ou atrás do carro. O GPS, para aumentar o meu completo senso de horror, me disse: "Você chegou ao seu local. O seu destino está à direita."

Meu Deus! O que eu fiz? Me coloquei nessa situação. E agora? O que eu faço para resolver isso? Jack Estripador está por perto, com certeza, e eu aqui, exposta! E a decisão mais lógica e rápida possível naquele momento foi a de colocar o endereço de casa no GPS.

Sim. Eu precisava voltar para casa.

para onde vou?

Era oficial: eu ficaria internada por mais um período para resolver a questão do trombo o quanto antes. Minha vida estava em risco. A cirurgia da mama seria adiada novamente até que tudo isso fosse resolvido. O prazo limite para a cirurgia de mama era de dois meses após o fim da quimioterapia para que o nódulo não retornasse. O tempo urgia!

Fiquei na UTI por uma noite apenas e já fui transferida para o quarto. Os meus sinais estavam bons. A recomendação era de manter o anticoagulante e não se movimentar.

Refletindo sobre a minha internação anterior, muitas coisas faziam sentido: meu cansaço e falta de ar não estavam sendo causados apenas pelo efeito tardio da quimioterapia ou pela embolia pulmonar. O trombo na veia cava impedia que a oxigenação chegasse em sua plenitude ao meu cérebro. A tontura e o inchaço extremo no meu corpo todo, mas principalmente nos meus membros superiores e cabeça também eram consequência desse trombo. Eu ainda ficava roxa ao me levantar, mesmo após os treze dias de tratamento no pulmão! O cansaço exacerbado que eu havia sentido e que os médicos entenderam que era emocional ao ponto de me fazerem ter uma consulta com a psicóloga havia, de fato, sido causado pelo excesso de esforço por respirar com a máquina da fisioterapia respiratória.

Pela graça de Deus, não morri.

O trombo poderia ter facilmente se movido para meu cérebro. O pior de tudo é que, meses depois, eu descobri que os médicos do hospital anterior tinham ciência do trombo na minha veia cava, mas entenderam que só o anticoagulante seria o suficiente para resolver o problema. Eles haviam pensado que todo o mal-estar que eu descrevia, era fruto da embolia pulmonar e não do trombo no meu pescoço.

Passar por um erro de tratamento estando com o corpo tão debilitado era tudo o que, em minha mente, eu não conseguiria aguentar. Glória a Deus, que *"é o nosso refúgio e a nossa fortaleza, auxílio sempre presente na adversidade"* (Salmos 46:1).

Naquele momento, eu estava aflita, perdida, com medo, ainda mais porque os médicos chegaram à conclusão de que eu teria de passar por outra cirurgia para retirada daquele trombo. O trombo era grande demais para desmanchar apenas com medicamento e, mesmo que tentássemos, isso levaria muito tempo para que isso ocorresse e eu precisava me recuperar o quanto antes desse problema para poder fazer a cirurgia da mama.

Em questão de três dias, eu estava sendo preparada para entrar no centro cirúrgico para mais uma operação. Pela primeira vez, apesar de saber que Deus me prometera que eu sairia daquele câncer viva, eu senti medo.

Senti medo pelo meu filho. Eu não queria deixá-lo. Eu não queria deixar meu marido, homem tão amoroso e cuidadoso. Minha mãe, irmã, meu sobrinho... todos. Eu não queria morrer. Eu estava perdida em meio à escuridão. Por um minuto, eu chorei. Chorei pela minha vida, pela minha história, por todos os que me amavam. Como minha irmã uma vez me disse com muita propriedade: "Jesus, mesmo sabendo que ressuscitaria Lázaro nos próximos minutos, chorou." O sofrimento daquele momento era intenso demais para ser deixado de lado. Era o amigo de Jesus que se encontrava morto. Era assim que eu me sentia. Eu sabia que Deus me curaria, mas aquele momento, ali deitada na maca a caminho do centro cirúrgico, era de dor. Dor emocional intensa.

A cirurgia durou três horas. Os médicos depois me contaram que ficaram surpresos com a extensão do trombo. Era do tamanho de uma salsicha.

Sim. Eu tinha uma salsicha no meu pescoço, impedindo que o sangue passasse.

Meu Deus! Que milagre enorme tinha sido esse!

Eu havia sobrevivido ao menos por três meses com um trombo impedindo parte do sangue de passar na veia cava superior, a veia mais importante do corpo! Jesus Amado! O trombo havia se desenvolvido por conta do cateter que eu utilizei para a quimioterapia. Por isso, durante a operação, os médicos acharam por bem retirá-lo.

Após acordar da cirurgia, a médica anestesista disse que a cirurgia havia sido um sucesso. Ela foi a primeira a me dizer sobre o tamanho do trombo. Aquilo me intrigou. Em minha mente entorpecida pelos anestésicos, perguntei: "Mas era do tamanho de uma salsicha de conserva ou de hot dog?" E ela, na maior paciência, me respondeu: "de hot dog". Ouvi ferramentas tilintando e perguntei: "Esse barulho é das moedas que vocês tiraram do meu nariz? Das que eu coloquei na minha infância?" O instrumentista deu risada e me perguntou: "Você era muito peralta?" E eu lembro de responder: "Era não. Eu era quietinha. Meu marido também. Esses são os mais perigosos." Depois, ainda comentei que eu havia percebido que o teto continuava branquinho, sem respingos de sangue. Isso mostrava que minha cirurgia havia sido um sucesso mesmo!

Que vergonha! Hoje penso o quanto eles devem ter rido da minha cara nos grupos de WhatsApp médicos!

Ao ser encaminhada para a UTI, descobriram que eu estava sem veias hidratadas para o acesso e implantaram um cateter provisório na minha perna. Acabei tendo que passar por um mini procedimento dolorido ali mesmo na UTI.

À noite, eu puxava o ar e sentia toda a oxigenação passando pelo meu corpo. Fiquei tão eufórica que mal consegui dormir. Era uma sensação fantástica! Minha vontade era de sair correndo pelos corredores do hospital. Como é bom respirar! Como é bom viver com saúde! Glória a Deus Pai, todo Poderoso, que usa as mãos dos médicos para nos curar! Oito dias após essa internação, eu estava livre!

Meu marido, fiel companheiro, e eu estávamos indo para casa. Que grande milagre! Que grande livramento! Eu iria abraçar meu filho, agora de verdade. O pesadelo havia acabado! A partir de agora, a vida transcorreria tranquilamente.

Samuel

Também no deserto vocês viram como o Senhor,
o seu Deus,os carregou,
como um pai carrega seu filho, por todo o caminho que percorreram até
chegarem a este lugar.
Deuteronômio 1:31

As três semanas seguintes foram fenomenais! Eu estava viva! Conseguia dirigir para todos os cantos, cuidar do meu menino, ir para a igreja… Era o mais próximo que eu havia chegado de uma vida normal nos últimos oito meses. Uma simples ida ao mercado me deixava eufórica! Após tanto tempo em uma cama, sentir raiva no trânsito paulistano era uma alegria!

Meu coração estava cheio de amor pela minha família e amigos! Como eles haviam sido incríveis cuidando de mim, orando por mim e me dando todo o apoio que eu precisava.

Agora faltava tão pouquinho. Logo, todos nós estaríamos livres para seguirmos com nossas rotinas, com nossos corações mais próximos de Deus e a sensação de que Ele não nos deixa.

Mas minha família ainda não havia chegado aonde Deus queria. Passaríamos por mais um período de deserto, talvez até mais intenso do que o que havíamos passado com a minha doença nos últimos oito meses…

Samuel

Quase um ano após o falecimento do meu pai, minha irmã começou a agir de forma estranha. Ela estava irritada, cansada e chorosa. Minha mãe comentou comigo: "Você percebeu que sua irmã está mais arredondada? Estou achando que ela está grávida." E realmente estava.

Ficamos como quem sonha. Seria meu primeiro sobrinho ou sobrinha. Eu mal podia esperar para segurar aquele bebê no colo.

A cada consulta, ficávamos imensamente felizes pelo bebê estar bem de saúde e se desenvolvendo como esperado. Na consulta para saber o sexo do bebê, fomos todos ao laboratório.

Seria um menino e os pais escolheram o nome Samuel, porque ele seria um profeta. A gente brincava que esse nome havia sido escolhido porque não seria possível homenagear o avô. Colocar o nome de uma criança tão pequena de Elisiário seria injusto. Minha avó já dizia que aquele nome havia sido escolhido e colocado pelo avô sem o consentimento dela. A escolha dela era por Daniel. Típica trairagem dos maridos de antigamente!

Oito meses de gravidez e Samuel deu o primeiro indício de que queria nascer. Era um domingo à noite e fizemos uma carreata para o hospital. Estávamos super ansiosos porque ele seria prematuro. Minha irmã ficou internada por uma semana e ainda conseguiu segurar por mais uma.

Exatos dois domingos após aquele ocorrido, a bolsa estourou e saímos enlouquecidos para conhecer Samuel. Por escolha dos médicos, Luciele esperou para ter um parto normal. Após horas de sofrimento, viram que ela não estava dilatando rápido o suficiente e resolveram fazer uma cesárea. Se eles tivessem esperado um pouco mais, Samuel poderia não ter resistido.

Dois dias após seu nascimento, ele começou a vomitar sangue e restos de sujeira de parto e precisaram fazer uma lavagem estomacal. Apesar do susto, Samuel voltou para os braços dos pais são e salvo. Guerreiro desde o nascimento, ele nem precisou ficar internado, apesar da prematuridade.

Acompanhamos seu desenvolvimento bem de perto. Ele era nossa bênção e, de certa forma, nosso consolo após a morte do meu pai. Era motivo de piada na família o fato de Samuel nunca querer ir para o meu colo. Ele também nunca sorria para mim. Por mais que eu fizesse, ele parecia não gostar de mim. Sempre muito sério, minha mãe e eu fazíamos de tudo para que ele abrisse um sorriso. Nossos esforços eram em vão. Ele se recusava a demonstrar satisfação. Essa fase, todavia, logo passou e ele se tornou um rapazinho muito sorridente e falante. Não em público, logicamente, mas, entre a família, o papo era infinito.

Por causa da prematuridade, Samuel teve que ser socorrido várias vezes com problemas respiratórios. Após alguns anos, descobriram que ele tinha um caso crônico de rinite causado por poeira e outros fatores externos.

Na escola, Samuel era o orgulho de qualquer professor. Era muito estudioso, apesar de falador. Suas notas eram sempre máximas. Um pouco antes da pandemia, minha irmã foi demitida de seu emprego de mais de quinze anos. Ela ficou bem deprimida, mas aceitou a situação e não reclamou. Por não estar trabalhando, ela pôde acompanhar os estudos de Samuel online. Incrivelmente, Samuel foi capaz de aprender a ler e a escrever à distância.

Percebíamos, nas nossas poucas visitas durante aquele período, que a socialização fazia muita falta para o desenvolvimento dele. Logo que as aulas presenciais retornaram, Samuel voltou ao normal, no entanto. Ele não estava mais sofrido. Como o ser humano precisa do outro, mesmo que não admita.

◆◆◆

as dores

Na mesma semana da minha cirurgia de trombose, Samuel, agora com nove anos, ficou com uma rinite bem intensa e a mãe, com experiência em lidar com o problema, tratou em casa, seguindo as recomendações do alergista que o acompanhava há anos.

Pouco tempo depois, ele começou a sentir dores muito fortes no dentinho de leite. Meu cunhado e irmã o levaram ao dentista, mas ela se recusou a retirar o dente porque era necessário esperar que ele caísse naturalmente, já que esse dente de leite indicaria o caminho para que o permanente nascesse. A médica passou um anti-inflamatório e um analgésico.

Três dias depois, Samuel não suportava mais a dor. Levaram-no para outro dentista e dois dentes foram retirados. Ao que tudo indicava, os dentes permanentes estavam forçando os dentes de leite.

Nesse processo, a gengiva inflamou e, por isso, o excesso de dor. Após a retirada dos dentes, as dores sumiram por três dias.

Em uma quinta-feira, no fim de maio, a dor de cabeça voltou intensamente enquanto ele estava na escola. No mesmo dia, o levaram para um hospital e os médicos só disseram que ele estava com uma sinusite forte e o dispensaram sem ao menos fazer um exame de imagem para comprovar o diagnóstico. Minha irmã e o Sérgio compraram os remédios e as dores aliviaram um pouco.

Na sexta-feira, ele teve febre, mas conseguiram controlar com um antitérmico. No fim de semana, no entanto, a situação saiu do controle. Samuel passou o sábado meio desorientado, sonolento, mas pediu à mãe para sair um pouco de casa e ir passear no shopping. A mãe, querendo agradar ao menino, o levou para o shopping, mesmo sabendo que ele não estava bem. Foi a última vez que ele passearia em bastante tempo.

No dia seguinte, Samuel acordou gritando de dores e, em poucas horas, começou a perder os movimentos da perna direita e do braço direito, a vomitar e a mostrar sinais de febre alta.

Sérgio e Luciele o levaram a outro hospital e, ao chegarem lá, os médicos fizeram um exame básico no pescoço de Samuel e o pré-diagnosticaram com meningite. Para que se tivesse certeza, Samuel teria que ficar internado na UTI e passar por uma série de exames. Os próximos três dias foram de exames de imagem, de sangue, retirada do liquor da coluna, entre outros.

Meu pequeno Samuel estava a cada dia pior. Começava a perder os movimentos do lado direito do corpo, a não conseguir comer ou beber quaisquer líquidos ou a responder às perguntas do neurologista de forma coerente.

Na terça-feira, a equipe médica decidiu implantar um cateter no braço para facilitar a infusão dos antibióticos e remédios para dores. No dia seguinte, resolveram fazer as duas primeiras cirurgias de Samuel.

Na primeira, fizeram uma raspagem nas mucosas dos seios da face para retirada do excesso de inflamação da sinusite. Esse procedimento foi um sucesso e logo Samuel saiu do centro cirúrgico. Pouco tempo depois, Samuel voltou para o centro cirúrgico como programado, pois os médicos haviam notado que os antibióticos não dariam conta de diminuir a inflamação no cérebro a tempo de ela não se espalhar. Abriram, então, a cabeça de Samuel, retiraram o excesso de inflamação e colocaram duas placas de titânio. A cirurgia também foi um sucesso, pela graça e misericórdia de Deus, que guiou as mãos dos médicos.

Samuel passou os próximos três dias em coma induzido, já que era necessário que o cérebro descansasse para que não houvesse qualquer intercorrência e para esperar que seu corpo reagisse.

Nesse período, Samuel começou a urinar escuro, o que demonstrava que o fígado já estava falhando. Meu cunhado, desacreditado de que o filho acordaria daquele coma, sofria sozinho. Ele decidiu não contar para ninguém que Samuel estava tão debilitado. Nem para minha irmã.

Luciele, após a cirurgia, estava muito esperançosa. Todos os dias orava e cantava no ouvido de meu sobrinho desacordado. Ela seguiu firme em fé. Após três dias, quando os médicos começaram a diminuir a sedação do coma induzido, Samuel lentamente começou a apresentar melhoras. Um milagre.

De primeira, ele mexeu levemente um dos dedos do pé direito. Depois, começou a mover um pouquinho os dedos da mão. Já respondia coerentemente às perguntas do neurologista. Estávamos imensamente felizes e aliviados. Em poucos dias, Samuel saiu da UTI e foi transferido para o quarto. Ah, que alegria! Sérgio, meu cunhado, ficou em choque! Meu sobrinho havia passado por essa provação e sobrevivido! Havia solução. Nesse período, eu não pude visitá-lo porque havia passado há pouco tempo por cirurgia e minha imunidade estava baixa.

Além disso, eu também estava me preparando para a cirurgia de mama. Meu coração precisava se contentar com as notícias e fotos que eu recebia dos pais dele e da minha mãe, que, vez ou outra, conseguia ir ao hospital vê-lo.

Samuel estava, aos poucos, se recuperando muito bem. Voltou a comer e beber em pequenas quantidades, a andar com apoio, já que seu equilíbrio e visão ainda estavam prejudicados. Enfim, estávamos confiantes de que logo ele receberia alta. Os médicos, após três semanas de internação, começaram os processos para que Samuel fizesse home care.

Ele estava se desenvolvendo bem com a fisioterapia e os remédios estavam fazendo efeito. Começaram a trocar os antibióticos intravenosos por orais para que ele seguisse com o tratamento em casa e foi nesse momento que as coisas começaram a ir de ladeira abaixo, novamente, exatos onze dias após minha cirurgia de mama.

cirurgia de mama

Havia chegado meu dia. Eu ia passar pela tão esperada cirurgia de mama que fecharia parte de um ciclo. Eu estava ansiosa, mas não de um jeito ruim. Era uma alegria intensa e indescritível! Oito meses de sofrimento até chegar àquele momento.

Meu sobrinho estava se recuperando bem! Meu Deus! Aquele período ruim estava acabando!

Na segunda, dia 19 de junho, fui para o hospital fazer os exames pré-operatórios. Tudo transcorreu tranquilamente e eu fui internada. No dia seguinte, já em jejum, eu e Luiz esperamos até o enfermeiro me levar ao centro cirúrgico. Quando o rapaz enfermeiro chegou, eu gritei de alegria! Luiz até brincou que nunca havia visto alguém tão feliz às vésperas de ser cortado.

Ué! Eu não tinha como controlar! Estava feliz mesmo! Um pouco mais de três horas depois e eu já voltei para o quarto!

Eu consegui me controlar para não falar quaisquer bobeiras que me levassem ao arrependimento depois ao sair do anestésico. No dia seguinte, eu já recebi alta. Tudo havia transcorrido com sucesso.

Meu médico mastologista até havia passado no quarto para dizer que apenas dois linfonodos haviam sido retirados. Não havia sido necessário fazer o esvaziamento da axila. Eu poderia seguir minha vida com qualidade. Da mesma forma, apenas um quadrante de controle havia sido retirado da minha mama esquerda. Para quem corria o risco de ter que fazer uma mastectomia, a retirada de um pedacinho pequeno era como um sonho.

Meu processo de recuperação estava até bem tranquilo. Precisei tomar analgésicos a cada seis horas, mas não senti dores insuportáveis. Eu não podia subir o braço esquerdo até a mais de noventa graus, dirigir ou pegar peso. Fora isso, consegui seguir com a vida normalmente.

Poucos dias depois, o resultado do exame na peça cirúrgica saiu. Eu venci o câncer. Eu venci. Meu Deus! Eu venci! Meu coração estava rejubilante! Enviei mensagem para todo mundo que havia me acompanhado de perto. Que momento incrível! Que sensação maravilhosa!

Ah, Senhor! Como Tu és bom e majestoso! Eternas são Tuas misericórdias e o Teu amor! Muito obrigada por me curar! Muito obrigada, meu Deus! Minha família não conseguiu comemorar comigo em toda plenitude. Ao mesmo tempo que eu rejubilava, meu coração se apertava mais. Meu Samuel não estava bem. Era visível! Ele não estava bem. Ah, meu Deus! Tenha misericórdia de nós!

nova cirurgia

Samuel começou a perder a visão e a não se movimentar tão agilmente como antes. Sua fala também começou a ficar embaralhada e, em questão de pouco tempo, ele precisou voltar ao centro cirúrgico. A inflamação havia tomado a parte de trás de sua cabeça.

Pela primeira vez, nós realmente nos desesperamos. Estávamos no limite de nossas forças. Nosso corpo e nossa alma não aguentavam mais tanto sofrimento. Oito meses que não tínhamos paz! Praticamente todos os dias tínhamos algo para superar.

Precisávamos da oração e do apoio dos santos. Era hora de um mover espiritual, um agir sobrenatural a partir de um clamor coletivo.

mídias sociais

Após muitas lágrimas e momentos de desespero, minha mãe e eu tomamos uma decisão difícil: teríamos que espalhar a notícia para todos os que conhecíamos. Não podíamos ficar apenas pedindo oração para nossas igrejas. Precisávamos de um mover sobrenatural que alcançasse muita gente. Nosso menino estava morrendo. E, por mais que entendêssemos que a vontade de nosso Deus é soberana, acreditávamos também que a oração pode muito em sua eficácia.

Em uma corrida contra o tempo, colocamos a foto de Samuel, um breve relato dos acontecimentos recentes e o pedido de oração em todas as nossas mídias sociais. Em pouco tempo, começamos a receber retorno de pessoas do Brasil todo e até de outros países que estavam jejuando e clamando pela cura do meu sobrinho. Nosso coração estava profundamente abalado.

A cirurgia seria de alto risco novamente. Eles abririam a cabeça de Samuel, retirariam o máximo de inflamação possível da região afetada e colocariam novas placas de titânio para fechar as áreas do crânio removidas.

Na noite anterior à cirurgia, Samuel estava com febre alta e muito enjoo por conta dos remédios. Ele não conseguia comer nada e preocupava os pais o fato de ele precisar entrar em jejum de oito horas antes da cirurgia sem se alimentar. Expliquei que o que ele conseguisse comer já seria o suficiente, considerando que o soro o sustentaria até o pós-cirúrgico.

Por volta das 21:00 do dia 1 de julho, 10 dias após a minha cirurgia na mama, Samuel entrou no centro cirúrgico. Confesso que a exaustão tomou conta do meu corpo e, por causa dos analgésicos, eu dormi várias vezes durante esse período. Quando conseguia acordar e olhar o celular, via que muitas pessoas estavam procurando saber como ele estava e me assegurando que o povo de Deus estava cobrindo meu menino em oração.

Que momento lindo! Que presença poderosa do Espírito sob nossas vidas!

Meu primo Paulo Cesar, pastor presbiteriano, e diáconos da igreja de minha irmã acompanharam meu cunhado e irmã no hospital durante todo o tempo da cirurgia. Eles oraram, conversaram, compraram lanches, apoio que minha família muito precisava.

A esposa do pastor da igreja de minha irmã enviou um vídeo lindo em que toda a igreja reunida levantava um clamor a Deus pela cura do meu sobrinho. Como aquilo nos alimentou espiritualmente e nos encheu de esperança!

Cerca de quatro horas depois, a cirurgia acabou. O neurocirurgião responsável veio até meu cunhado e disse que tudo havia sido um sucesso. Em pouco tempo, meu sobrinho foi transferido para a UTI e, milagrosamente, já estava acordado e lúcido.

À caminho do quarto, Samuel, que já havia sido extubado, viu minha irmã e disse: "Oi, mãe!". Ah, que alívio! Ele estava consciente! Estava bem! Estava vivo! Glória a Deus, todo Poderoso! No dia seguinte, Samuel estava todo feliz e saudável! Apenas com muita fome! Ele havia perdido muito peso nesse processo todo, mas estávamos confiantes de que logo ele se recuperaria de tudo isso.

A voz de Deus

*"Nos últimos dias, diz Deus, derramarei do meu Espírito
sobre todas as pessoas.
Os seus filhos e as suas filhas profetizarão,
os jovens terão visões e os velhos terão sonhos."*
Atos 2:17

Um dia antes da cirurgia, Samuel estava muito debilitado, vomitando constantemente, sem enxergar, quase sem poder se movimentar e com febre alta. Sua fé e seu conhecimento pessoal de Deus, todavia, só cresciam.

Em um dado momento, enquanto ouviam louvores, Samuel disse: "Mãe, eu ouvi 'Eu estou aqui'. Minha irmã entendeu que ele se referia ao próprio Deus. Meu sobrinho estava ouvindo a voz Dele. Logo em seguida, Samuel se voltou para minha irmã e disse: "Minha serva, não se preocupe com seu filho! Eu sou Imortal! Eu sou um Deus de milagres, minha serva, então confie em mim!".

Aquele momento tornou-se um divisor de águas para toda a nossa família. Já havíamos passado por muitas experiências sobrenaturais em nossa família desde os tempos dos meus avós, mas aquele momento mudaria nossa trajetória. Logo após esse período sobrenatural, Samuel só piorou e marcaram a cirurgia para o dia seguinte às 20:00. O que veio em seguida, relatado no capítulo anterior, só veio confirmar que Samuel havia sido curado, realmente. Deus havia colocado a mão Dele sob meu sobrinho e dado cura.

Dois dias após a cirurgia, Samuel estava ótimo. O pós-operatório dessa terceira cirurgia nem se comparava ao pós das duas primeiras. Ele estava esperto e empolgado e até disse que estava vivendo a música "Uma nova história", do Fernandinho (2009):

*"Uma nova história,
Deus tem pra mim
Um novo tempo,
Deus tem pra mim*

*E tudo aquilo que perdido foi
Ouvirei de Sua boca: 'te abençoarei'* [3]

Os enfermeiros e médicos se encantavam com Samuel. Ele agia como um lutador. Mesmo com náuseas, se forçava a comer um pouquinho, não reclamava dos vários medicamentos que precisava tomar ou das picadas para exames de sangue. Sempre tinha uma palavra de ânimo para todos e, mesmo nos momentos mais difíceis, dizia que confiava em Deus.

Alguns dias depois da cirurgia, os médicos começaram a tirar os medicamentos, sondas e a fazer exames de imagem para ver como o cérebro dele estava em relação à inflamação. Tudo estava fluindo bem e os médicos estavam positivos de que ele ficaria mais um mês internado e, do mais, o home care resolveria.

Os amigos da escola e da igreja escreveram cartas e gravaram vídeos de apoio para Samuel. Isso o deixou muito feliz e firme em seu propósito de se recuperar o quanto antes.

Em uma noite com o pai, Samuel relatou que Deus pediu para que Sérgio, o pai, tocasse nas partes enfermas de Samuel, cabeça, olhos e testa, e orasse porque Deus iria agir.

E Deus agiu.

Cinco dias após a cirurgia, Samuel voltou a dar seus primeiros passos sozinho. Ele ainda tinha muita dificuldade, porque a coordenação motora dele ainda estava bem prejudicada, mas, como já fazia algum tempo que isso não ocorria, ficamos todos muito felizes.

No dia seguinte, Samuel, ouvindo música juntamente com o pai, escutou novamente a voz de Deus. Ele virou para o pai e disse: "Filho, por que me abandonaste?". O mover do Espírito foi tão intenso que o pai começou a chorar imediatamente. Samuel, então, disse para o pai que não precisava responder, que ele deveria falar diretamente com o Senhor. Logo em seguida, Samuel virou de costas e Sérgio pôde conversar com Deus e colocar sua confiança total naquele Deus que mostrava o quão de perto Ele era, e não de longe.

Quinze dias após a cirurgia, Samuel estava tendo um bom desempenho. Os médicos já estavam diminuindo o anticonvulsivante e o antibiótico. Ele já conseguia controlar os esfíncteres e movimentar-se bem, na medida do possível. Uma coisa preocupava a mãe, no entanto.

A visão embaralhada havia retornado com mais frequência e ele não enxergava bem à distância. Um exame de ressonância foi marcado com urgência e viram que a inflamação estava controlada. O neurologista, então, decidiu diminuir o anticonvulsivante pela metade e a pediatra, juntamente com a imunologista, entraram com um terceiro antibiótico profilático mais forte. A oftalmologista, após exame, atestou que Samuel não tinha problemas na visão e que o problema de visão turva estava relacionado a outro fator, provavelmente ao anticonvulsivante, como o neurologista afirmou.

Outro exame de líquor foi feito naquela semana e Samuel ficou bem abatido. Era muito medicamento, muita dor, muito sofrimento para um menino de apenas 9 anos. Como ele tomava antibióticos praticamente o dia todo, os médicos tiveram que trocar o cateter por três vezes, em mini cirurgias.

Ele já estava bravo, choroso, com saudades de casa, dos amigos da escola, da igreja, de sua rotina. Os pais oravam, davam muito carinho, atenção, apoio, mas ele queria voltar a ser criança de novo.

Por volta de 20 dias após a cirurgia, ele voltou a assistir televisão. Assistir a desenhos o fazia rir, ajudava a passar o tempo. Ele estava feliz de novo. Ele voltou a receber visitas com mais frequência. Começou a andar pelos corredores do hospital, a desenhar. Apesar de ele ter perdido por volta de 7 quilos, não estava mais tão abatido.

radioterapia

Em meio a essa turbulência toda com Samuel, eu seguia com meu tratamento.

No dia 26 de julho, dei início aos processos para a radioterapia. Estava ansiosa e com medo de ter alguma reação adversa, como havia ocorrido com a quimioterapia. No entanto, eu não tinha opção. Ou enfrentava mais aquela batalha ou enfrentava.

Fui ao hospital e fizeram uma tomografia de controle. Marcaram com tatuagem permanente onde deveriam ajustar os raios de luzes que indicariam minha correta posição na máquina de radioterapia. Os

médicos definiram que eu passaria por dezoito sessões diárias.

Na minha primeira sessão, fiquei por volta de trinta minutos na máquina porque era necessário fazer um raio-x de controle. Os próximos dias foram bem mais rápidos. Quinze minutos e eu já estava liberada. Passava mais tempo no trânsito para chegar até o hospital do que o tempo que passava fazendo o tratamento em si.

Após dez dias, a região onde recebi a radioterapia ficou bem queimada, como se eu tivesse pegado sol sem filtro solar. Eu tinha que usar roupas leves e passar bastante creme hidratante neutro, mas, fora isso, eu não tive reações adversas. Após dezoito dias de muito cansaço e desafios, chegamos ao fim do tratamento. Foram dez meses intensamente vividos, com muitas conquistas e muitas batalhas. Minha família respirou aliviada. Um a menos em hospitais.

E todos Ouvirão sobre o Milagre de Deus

"Sim, coisas grandiosas fez o Senhor por nós, por isso estamos alegres."
Salmos 126:3

No dia 15 de agosto, após quase três meses internado, Samuel recebeu alta. Ficamos como quem sonha, como diz o salmista. Quantas graças havíamos recebido naquele ano! Samuel saiu do hospital após muitas comemorações de médicos, enfermeiros, da equipe da limpeza e até da cozinha!

Todos estavam extasiados em ver o quão grande milagre Deus havia operado na vida daquele menino. No corpo dele não ficaram sequelas de tipo algum. Ele estava andando perfeitamente, escrevendo, falando, enxergando, ouvindo… ele estava normal!

Alguns dias depois, Samuel passou por uma bateria de exames que só confirmavam que o corpo dele havia se restabelecido por completo. As recomendações, no entanto, são de que ele não retornasse para a escola imediatamente, já que sua imunidade estava bem baixa após tantos medicamentos. Ele também não poderia correr ou fazer atividades extenuantes por um período.

Quinze dias depois, toda a família testemunhou na igreja de Samuel sobre o ocorrido. O mover do Espírito foi tão intenso que várias pessoas se converteram e outras voltaram aos caminhos do Senhor.

Em continuidade aos milagres na vida de Samuel, alguns dias depois, a escola liberou as avaliações que ele havia perdido para serem feitas em casa e, para surpresa de todos, ele se saiu excepcionalmente bem. Não muito tempo depois, Samuel voltou para a escola e os amigos ficaram imensamente felizes. Uma das coisas mais emocionantes que os amiguinhos fizeram foi deixar de correr na hora do intervalo para que

Samuel se sentisse incluído. Eles até brincavam de pega-pega andando.

Era muito amor recebido de todos os lados. Pessoas que nem conhecíamos enviavam mensagens carinhosas, dizendo que haviam orado e que se sentiam muito abençoadas por terem acompanhado toda a história dele.

Minha prima, que mora nos Estados Unidos e que havia postado um pedido de oração por Samuel em sua rede social, foi parada em um posto de gasolina por uma pessoa desconhecida, mas que a seguia, para compartilhar o quanto sua fé havia se fortalecido pela cura milagrosa de Samuel.

Como o nome de Deus havia sido glorificado em tudo isso! A Ele, todo louvor, honra e glória para todo o sempre!

culto de Ações de Graças

Nossa família não podia deixar de agradecer a Deus pelos Seus grandiosos feitos. Decidimos, então, fazer um Culto de Ações de Graças. Durante o período em que fiquei de cama sem poder me mover direito, eu sonhei com o momento de poder falar para todos o quanto Deus trabalhara em nossas vidas. E assim foi.

Naquele dia, reunidos com os irmãos, nós adoramos e rejubilamos com todo o nosso coração. Nós estávamos vivos. Não sabíamos o porquê, mas estávamos agradecidos pela misericórdia Dele.

Outubro Rosa

No fim de setembro, retornei às minhas atividades profissionais. Foi maravilhoso rever meus alunos, colegas professores e sentir um pouco do que é ter uma vida normal, novamente.

No mês de outubro, tive a oportunidade de fazer uma palestra online sobre Outubro Rosa para os pais dos alunos da escola e funcionários, na qual pude compartilhar um pouco de minha jornada como forma de conscientizar a todos que participaram sobre a importância de se fazer os exames de rotina. Várias pessoas choraram junto comigo e fiquei muito orgulhosa por ter feito a minha parte, como cidadã.

Logo no fim daquele mês, também pude participar de uma reunião de mulheres em uma igreja Batista próxima da minha. Nesse evento, também compartilhei meu testemunho e pude falar sobre a importância da fé nesse processo. Que delícia poder falar sobre a obra perfeita de Deus. Gratidão era a palavra que me definia.

Dores Crônicas

Mas aqueles que esperam no Senhor renovam as suas forças. Voam alto como águias; correm e não ficam exaustos, andam e não se cansam.
Isaías 40:31

A vida seguia tranquilamente, apesar de as dores nas minhas articulações não passarem. Eram dores tão fortes que, por vezes, não me deixavam andar.

Mesmo com essas dores, eu seguia confiante de que tudo voltaria a ser como era antes.

Matriculei Murilo na escolinha para o ano seguinte, 2024, e já me planejei para trabalhar em tempo integral, apesar de que menos horas do que antes, já que, apesar de bem, minha saúde não estava cem por cento. Por meio do acompanhamento que comecei a fazer com um reumatologista excelente que também trabalhava no hospital onde fiz o tratamento, descobri que havia desenvolvido uma doença autoimune chamada Espondilite Anquilosante.

Era uma doença que estava dentro de mim, mas que o pontapé inicial havia ocorrido durante a quimioterapia. Fazia sentido agora o porquê eu havia sido internada com dores em janeiro de 2023. Era a espondilite dando seus primeiros sinais.

Após fazer algumas ressonâncias, descobrimos que as juntas de meus dedos da mão, pulsos e lombar estavam inflamadas e que eu estava com uma calcificação entre duas vértebras da coluna. Todas essas inflamações e calcificações haviam começado durante aqueles meses de cama.

Entendi que muitas das dores que me impediam de andar durante a quimioterapia, na realidade, haviam sido causadas pela espondilite anquilosante e não pela quimioterapia.

Tudo fazia sentido agora! Meus desconfortos, ao ponto de ficar de cama por tantos dias, eram causados por diversas causas: a própria quimioterapia, o trombo na veia cava, a embolia pulmonar, a menopausa e a espondilite anquilosante.

Meu Deus! Se não fosse meu Pai Amado, como eu teria aguentado tudo isso? A Ele toda glória, honra e louvor por Sua misericórdia!

dores crônicas

Um dos meus maiores medos era ter que conviver com uma doença crônica. A experiência de lidar com o mesmo tipo de sofrimento de minha mãe me apavorava. Pedi a Deus que me curasse. Mas Ele me garantiu desde o início que eu seria curada do câncer para honra e glória Dele. Ele não me disse que me curaria do que acontecesse depois disso. Entendi, após vários momentos de cama com dores no corpo, que Ele era o suficiente para mim. E que, mais do que cura daquela doença, o que realmente importava era que eu tinha a Ele.

Deus era meu sustento na hora da tribulação. Ele era a razão de eu ter uma vida de paz abundante. Um dos textos que mais explica o amor de Deus para comigo nessa situação que carrego até hoje fica em Romanos 8:35-39:

"Quem nos separará do amor de Cristo? Será tribulação, ou angústia, ou perseguição, ou fome, ou nudez, ou perigo, ou espada? Como está escrito: "Por amor de ti enfrentamos a morte todos os dias; somos considerados como ovelhas destinadas ao matadouro". Mas, em todas estas coisas, somos mais que vencedores, por meio daquele que nos amou. Pois estou convencido de que nem morte nem vida, nem anjos nem demônios, nem o presente nem o futuro, nem quaisquer poderes, nem altura nem profundidade, nem qualquer outra coisa na criação será capaz de nos separar do amor de Deus que está em Cristo Jesus, nosso Senhor."

Não há nada que possa me separar desse amor inexplicável. Jesus foi capaz de dar a própria vida por mim, pecadora e sem estrutura. Do que vou reclamar? De uma dor temporária? A minha alma é livre porque não pertence a esse mundo e, por isso, o amor de Cristo é o suficiente para mim, independentemente das circunstâncias.

escola

Apesar das dores, caminhamos para 2024 com a perspectiva de que a rotina voltaria a ser como antes de toda essa tempestade. Voltei a trabalhar por menos horas, mas uma quantia suficiente para me manter bem financeiramente. Murilo também começou na escolinha nova e, aparentemente, estava se adaptando bem.

Estávamos o pai e eu ligeiramente preocupados quanto à saúde dele. Mas não havia muito o que fazer. Já havíamos feito tudo o que estava em nossas mãos. Dei todas as vacinas, inclusive as da particular, para evitar novas internações.

No fim de janeiro, Murilo começou a apresentar urticárias na pele. Ele se coçava intensamente. Cheguei a ser chamada na escola para levá-lo ao hospital de tanto que ele se coçava. Não havia antialérgico que resolvesse as coceiras que tanto o incomodavam, ao ponto de, em uma viagem no Carnaval, ele precisar ser socorrido e tomar adrenalina para resolver o problema.

A situação talvez não fosse tão simples como esperávamos.

As crises de asma começaram a ficar constantes, por conta das várias gripes que as crianças compartilham na escola. Ele já ficava uma semana na escola e uma fora para se recuperar.

Em março, durante uma gripe com episódio de febre alta e saturação baixa, socorremos Murilo, já com uma mochila pronta para caso ele precisasse ficar internado. Após três internações, já estávamos bem cientes de quais sinais o corpinho dele demonstrava quando era um caso sério para internação.

Dito e feito.

Murilo foi internado.

Avisei a escola onde trabalhava e organizei todo o conteúdo para que a professora substituta tivesse o que fazer.

Dias difíceis novamente! Meu menino, obviamente, não queria ficar internado. Todas as furadas, máscara de oxigênio o irritavam, apesar de ele não demonstrar.

As enfermeiras e médicos sempre o elogiavam por ser um menino bonzinho e aceitar o tratamento. Talvez ele já entendesse a rotina de internação. A experiência o havia calejado.

Alguns dias depois, fomos liberados. Meu menino estava debilitado, mas respirava melhor, novamente. Alguns dias depois, retornando para a escola, ele ficou doente de novo. E de novo. E de novo.

minha batalha pessoal

Eu, por outro lado, continuava com crises fortes de dores por todo o corpo. Não havia muito o que fazer. Precisava seguir com minha rotina. Os analgésicos e a injeção mensal do imunobiológico me ajudavam bastante, mas a dor estava sempre ao meu lado.

Conviver com dores crônicas é sempre motivo de muita aprendizagem, porque não é só sobre eu mesma, mas também sobre o mundo ao meu redor.

Descobri que a busca por conhecer a mim mesma se intensificava a cada crise. Eu não podia e não queria me tornar uma pessoa agressiva ou rancorosa. Aquela situação de dor não era culpa de ninguém. Também não queria me vitimizar. Eu não era e não sou a única convivendo com dores crônicas. Eu não tinha direito de me fechar em um casulo. Pessoas dependiam de mim, não só em casa, como também no trabalho e na minha vida social. Não estávamos vivendo um momento de paz ainda, mas a situação não chegava ao ponto de atingir nosso limite como no ano anterior. Não era o momento de desistir, jogar a toalha, sucumbir. Era momento de resistência. Afinal, quem estava comigo era maior do que eu mesma. Deus seria minha âncora no mar.

quarta internação

Mês de maio e Murilo não parava de ficar doente. Cinco meses levando esse menino ao hospital constantemente. Já estávamos cansados. E foi aí que, em uma das idas ao hospital, Murilo foi internado novamente.

Dessa vez, o rapaz, admirado por médicos e enfermeiros, não se mostrou tão cooperativo. Ele estava bravo. Muito bravo. Aquilo era demais para ele.

Os médicos e enfermeiros faziam o que podiam para animá-lo, mas ele não estava amistoso. A comida, dessa vez, estava toda errada em sua concepção. Os brinquedos todos chatos. Só a TV o acalmava. E a mãe, que sempre foi superexigente quanto ao tempo de tela, teve que ceder um pouco.

Alguns dias depois, fomos liberados. A pneumologista foi categórica: teríamos que tirar Murilo da escolinha porque ela estava fazendo mais mal do que bem para ele.

A socialização e progressos motores teriam que esperar pelo bem de sua saúde. Com o coração partido, decidi que teria que pedir demissão novamente para ficar com Murilo em casa. Eu não queria, mas meu filho era minha prioridade.

Nova Rotina

Espere no Senhor. Seja forte! Coragem!
Espere no Senhor.
Salmos 27:1

Eu havia tomado a decisão de ficar com meu menino em casa. Ele era meu foco principal. Sempre entendi, desde que decidi engravidar, que meu filho seria meu maior ministério. Ele era minha prioridade.

Com ele em casa, não haveria mais tanta exposição a vírus e bactérias, comuns ao ambiente escolar. Ficando em casa, seu pulmão se restauraria e ele poderia ficar forte novamente.

Nesse período, passamos por uma série de médicos e exames para descobrir a origem desse problema de asma, já que nem a medicação forte que ele tomava diariamente estava conseguindo preparar o pulmão para cargas virais ou bacterianas.

Após exames de sangue para verificar a imunidade dele ou se tinha alergias, viu-se que estava tudo certo. Ele não tinha alergia nem a pó. Sua imunidade estava íntegra. Exames de imagem também mostraram que ele não sofria de refluxo ou qualquer outro problema na região torácica. Meu filho só tinha um pulmãozinho bravo e imaturo. Não havia quaisquer outros sinais de doenças adjacentes que corroborassem tantas internações.

Isso era ótimo!

Significava que, provavelmente no futuro, quando seu físico estivesse mais amadurecido, ele não apresentaria tantos problemas com a asma.

Continuamos fazendo o tratamento de asma em casa, mas sem grandes intercorrências.

◆◆◆

nova rotina

Criamos uma nova rotina. Murilo e eu agora tínhamos tempo. Muito tempo para ficarmos juntinhos. Decidi dar aulas para ele em casa para que, quando ele voltasse à rotina escolar, não ficasse tão atrasado em relação às outras crianças.

Fazíamos, diariamente, nosso "momento escolinha", com atividades, músicas e experimentos. Ele, muito hiperativo, não ficava muito tempo concentrado, mas percebi alguns ganhos importantes em seu aprendizado. O inglês, no entanto, foi uma batalha perdida. Ele não aceitava que eu falasse em outra língua com ele. Dizia para eu falar direitinho ou simplesmente não falar em inglês com ele. Realmente, inglês não era a língua que nos unia. Não era a língua do amor para ele.

Respeitei.

Não gostei, mas respeitei sua decisão.

Gostávamos de passear bastante. Fomos conhecer vários parques e museus. Era nosso mundinho particular. Às sextas-feiras, o pai, de home office, ficava com ele, enquanto eu completava minhas horas na faculdade. Era meu único momento profissional.

Meu menino desenvolvia-se bem, mas a asma ainda o incomodava de tempos em tempos. O pulmão ainda não estava de todo recuperado, apesar de ele não mais ir para a escola. Percebia que, brincando ao ar livre principalmente, ao correr um pouco, ele tossia ou sentava-se sem fôlego. Meu rapazinho ainda não estava bem.

Em julho, minha mãe veio de férias para São Paulo nos visitar e decidimos passear juntos. Fomos a uma chocolateria com área infantil. Murilo e Samuel amaram o passeio doce e divertido. Era tão bom podermos nos divertir juntos. Após tantas dificuldades, estávamos começando a ter um pouco de tranquilidade. Também fomos para um parque no interior, cheio de árvores e brinquedos.

Estava quente e os meninos pediram para entrar em uma daquelas fontes interativas para crianças. Minha mãe, toda preocupada, não queria deixar que eles entrassem na água para que eles não ficassem doentes. Eu, então, disse: "Mãe, se a gente não liberar por conta de doenças, esses meninos não vão ter infância. Eles precisam experimentar as coisas."

Dito e feito.

Algumas semanas depois, Murilo contraiu uma gripe que o levaria à inacreditável sexta internação.

criação de uma página de mídia social

No final de junho, após muita reflexão, percebi que não poderia mais guardar minha história para mim. Eu precisava compartilhá-la com mais pessoas. Eu entendi que, se Deus havia me curado para honra e glória Dele, eu precisava tornar a história pública. Foi aí que surgiu o projeto "Fé em meio à dor".

De princípio, comecei relatando tudo o que me havia acontecido e o quanto Deus havia estado presente em todos os momentos, porque Ele era um Deus de perto e não de longe. Foi um processo de certa forma catártico. Gravei vários vídeos em um dia só. Eu precisava falar, colocar para fora. Era muita história, muita vivência, muitas situações inacreditáveis, muita vida vivida em tão pouco tempo!

Aquilo tudo não cabia mais dentro de mim. Eu precisava adorar a Deus publicamente.

Comecei a receber uma enxurrada de mensagens. Pessoas estavam sendo abençoadas com meu trabalho. Eu não recebi e continuo sem receber nada financeiro em troca. Meu maior objetivo ainda é servir a Deus como canal de bênçãos. Transmitir para as pessoas aquilo que Deus me fala na intimidade. Mostrar ao mundo não só o que Ele pode fazer, mas quem Ele foi, é e sempre será.

Nós, cristãos, precisamos ser luz e sal da Terra. É nossa obrigação respeitar quando a Bíblia diz em Marcos 16:15: *"E disse-lhes: Ide por todo o mundo, e pregai o evangelho a toda criatura."*

Também, hoje vejo o quão importante é receber encorajamento dos irmãos na fé. As mídias sociais são uma excelente ferramenta para isso. Não substituem, obviamente, o encontro presencial, mas auxiliam nesse processo de acompanhamento espiritual. Isso me faz lembrar de outro versículo que fica em Hebreus 10: 25:

*"Não deixemos de reunir-nos como igreja, segundo o costume de
alguns, mas encorajemo-nos uns aos outros,
ainda mais quando vocês vêem que se aproxima o Dia."*

sexta internação

Dessa vez, eu decidi que faria tudo diferente. Meu menino não estava em minhas mãos. Minha oração precisava ser diferente.

Assim que entramos no quarto de hospital, como sempre, arrumei as roupinhas dele que havia levado na mochila, organizei os brinquedos e o sofá em que eu iria dormir. Coloquei música cristã baixinho e comecei a orar.

Pedi ao Senhor estratégia para manter meu menino calmo; orei para que ele se recuperasse logo, mas que, acima de tudo, tivéssemos um período de paz.

Organizei a rotina do meu menino: começaríamos o dia ouvindo louvores, muitos louvores até a chegada do café da manhã; depois, iríamos brincar até a chegada do almoço; após o almoço, assistiríamos TV; depois banho, janta, música e dormir.

Foram dias de bênçãos!

As enfermeiras amavam ouvir meu menino cantando a plenos pulmões sobre Deus. A paz de Cristo foi a direção de nossas vidas!

Que maravilha é dar ouvidos a Deus e entender quais passos devemos dar. Nesse período, gravei um vídeo no banheiro do hospital, encantada com o agir de Deus. Várias pessoas se juntaram a mim em oração e meu menino foi liberado em pouco tempo.

Apesar de termos passado por mais essa, Murilo só voltou a respirar tranquilamente sem a ajuda da bombinha de resgate após dois ou três meses.

Foi um período de muita preocupação com a saúde dele. Não queríamos vê-lo daquela forma. A falta de interação social não fazia bem para ele. De qualquer forma, confiamos no tempo de Deus e de que tudo ficaria bem.

outra internação minha

Nos próximos meses, tive algumas crises de dores intensas. Por não precisar ir trabalhar presencialmente todos os dias, adaptava minha rotina. Murilo brincava com seus brinquedos no chão e eu, com o braço pendurado por estar deitada no sofá. Ele já sabia quando eu não estava bem e perguntava: "Tá com dor nas costas de novo, mãe?" E eu só dizia que sim e tentava seguir o dia da melhor maneira possível.

Na escola dominical, na qual era responsável por lecionar na EBD para as mulheres, me arrumaram uma poltrona bem confortável para que eu pudesse dar aulas sentada. Foi um momento de muito carinho e sou grata a Deus pelo acolhimento que me deram nesse período.

Numa sexta-feira de outubro, fomos para o shopping passear. Durante o passeio, percebi que minhas pernas não estavam respondendo muito por conta das dores na lombar. Resolvi ficar sentada um pouco enquanto Luiz e Murilo faziam as compras.

Tomei um analgésico.

As dores começaram a tomar uma proporção maior, no entanto.

No sábado, fiquei de cama enquanto Luiz tomava conta de Murilo. Pensei que o descanso me daria forças para ir para a igreja no domingo.

No dia seguinte, nos arrumamos e fomos para o culto mas, na entrada da igreja, já percebi que não daria conta de ficar. Avisei a Luiz que teríamos que ir para o hospital e ele, prontamente, pediu para que um casal amado ficasse com Murilo enquanto eu recebia esse socorro. Seguimos para o hospital e lá me deram dipirona, tramadol e duas doses de morfina.

A dor amenizou e fomos buscar Murilo na igreja. Fiquei deitada o resto do dia.

No dia seguinte, a dor estava insuportável e corri em várias farmácias para que me aplicassem um remédio indicado pelo meu médico reumatologista. Como a receita estava vencida, eles, infelizmente, não puderam me dar.

Segui para o hospital sozinha, dirigindo e, chegando lá, para minha surpresa, me internaram para controle álgico, ou seja, controle da dor.

Fiquei cinco dias tomando dipirona, tramadol, morfina, dentre outros remédios, e a dor não passava. Até que chegou um outro médico do hospital e receitou um opióide fortíssimo.

Senti o alívio de imediato.

Mas eu não podia continuar nessa situação. Ainda mais porque me explicaram que aquela dor era de cunho emocional.

Eu estava espiritualmente bem, mas mentalmente destruída. Eu precisava mudar.

a consulta

Alguns dias depois, consegui uma consulta com meu reumatologista. Ele não estava feliz. Explicou que eu precisava mudar meu estilo de vida, porque eu acabava de acumular mais uma doença autoimune: fibromialgia.

Ao que tudo indicava, a parte do meu cérebro responsável pelo controle da dor havia "quebrado" por conta das dores da espondilite anquilosante. Por essa razão, qualquer dor física ou desajuste emocional que eu tivesse dispararia a fibromialgia.

Eu havia cuidado da saúde do meu filho, mas havia deixado a minha de lado. Eu precisava mudar meu estilo de vida.

Comecei a fazer terapia e, com o tempo, descobri que minha memória havia sido prejudicada pelo excesso de ansiedade. Todas as culpas, angústias e preocupações acumuladas nos últimos quatro anos haviam acabado com minha saúde emocional e descarregado no meu físico, como consequência.

Sempre respeitei os profissionais de psicologia e percebi nesse momento como a igreja não entende a necessidade do cuidado com a mente. Temos a ideia errônea de que a fé deve curar todos os males do crente. Não é assim que funciona. Quando estamos com dores físicas, vamos para o hospital mas, quando nossa alma dói, não temos coragem de fazer terapia por preconceito. Entendemos que é pecado ter dores emocionais.

É uma contradição.

Se Deus capacitou o médico para curar nossas doenças físicas, por que não acreditamos que ele também capacite o psicólogo para nos ajudar a curar as doenças da mente e da alma?

Se este é seu caso e você se encontra com a alma doente, abra-se para ser curado! Deus trabalha da maneira que Ele quiser e usando quem Ele quiser.

Procure ajuda!

E foi assim que, semana a semana, fui sendo curada de minhas dores emocionais. Por consequência, minhas dores físicas diminuíram muito, porque comecei a entender quais eram suas origens. Minha alma, meu corpo e meu espírito estavam bem!

Glória a Deus que cuida de nossa vida integralmente!

Deus é bom o Tempo Todo

Nossa esperança está no Senhor; ele é o nosso auxílio e a nossa proteção.
Nele se alegra o nosso coração,
pois confiamos no seu santo nome.
Salmos 33:20-21

Em fevereiro de 2025, Murilo voltou à escola por meio período e, pela graça e misericórdia de Deus, não teve crises de asma graves o suficiente ao ponto de o tirarem da escola novamente. Voltei à rotina também, não em uma escola, mas com aulas particulares e a faculdade.

A vida não ficou mais fácil, mas aprendi que, mesmo que as lutas não terminassem, eu estaria firme na Rocha, que é Jesus.

Novos planos e sonhos tomam meu coração e tenho certeza de que nada conseguirei chegar a lugar algum sem o consentimento daquele que é o Dono de minha vida.

A cada dia, aprendo a lidar com minha saúde. Voltei a fazer atividade física e a me alimentar melhor. Meu menino também começou a fazer natação, com autorização do pneumologista. Até então, ele não podia, já que a asma estava desregulada.

Meu sobrinho seguiu firme nos estudos e em sua vida cotidiana, tendo novas revelações espirituais sobre o fim dos tempos e sobre seu relacionamento com Deus. Seu nome, Samuel, não foi escolhido à toa. Ele, realmente, é um profeta de Deus.

Nossa esperança, como família, está firme no Senhor e nosso coração se alegra diariamente Nele. Não sei quais outros desafios enfrentaremos daqui em diante, mas confiamos que, independentemente do que ocorrer, Ele cuidará de nós.

Conclusão

*"Ele é a Rocha, as suas obras são perfeitas,
e todos os seus caminhos são justos. É Deus fiel,
que não comete erros; justo e reto Ele é."*
Deuteronômio 32:4

A vida é feita de altos e baixos. Às vezes, o mar está calmo e, às vezes, agitado. O que aprendemos em meio às lutas é que não somos tão fortes quanto achávamos que éramos. Não temos tanto conhecimento como achávamos que tínhamos. Nossos planos e sonhos são voláteis. Nossa vida é um sopro. Se não fosse Deus em todos os momentos e em todas as circunstâncias, simplesmente não conseguiríamos.

Ele foi, é e sempre será a razão pela qual estamos aqui, de pé e em fé. Não há outro Deus que conheça os nossos limites da maneira que Ele conhece, porque não há Deus como nosso Deus.

Ele nos fez e tem cada dia de nossas vidas escrito e determinado. Ele nos conhece desde o ventre de nossas mães e não nos rejeitou pelo nosso pecado, mas, por meio do sacrifício de Cristo Jesus, nos recebeu de volta e nos deu a Eternidade.

Digno é o Senhor de toda glória, honra e louvor!

Nele, encontramos abrigo e vida real. Não quero ficar mais um minuto sequer longe do meu Pai e dedico não só esse livro, mas todos os dias de minha vida a contar o que Ele fez por mim.

Vejo o câncer e tudo o que se passou comigo e com minha família como uma forma de nós sermos despertados e percebermos a urgência dos tempos. Precisávamos desenvolver um relacionamento mais íntimo e pessoal com Ele.

Eu precisava passar por tudo isso para abrir minha boca e dizer ao mundo que o tempo urge.

Por isso, se você não conhece a Jesus e ainda não O aceitou como seu único e suficiente Salvador, faça-o hoje, enquanto você lê isso. Peça a Ele para que entre em seu coração e transforme sua mente como um todo. Dedique sua vida a Ele e você não se arrependerá.

E, para você que já o aceitou como seu único e suficiente Salvador, mas que não percebeu a intensidade de sua responsabilidade como divulgador do Evangelho, mude sua mente hoje.

Sua vida não é aqui.

Você é um peregrino neste mundo.

Sua verdadeira Pátria é a celestial.

Viva para Cristo integralmente!

Não separe sua vida em tarefas seculares e tarefas espirituais. Sua vida é toda Dele, por Ele e para Ele. Não compartimentalize aquilo que é totalmente Dele. É isso que Ele espera de nós, como diz o hino "Tudo entregarei" [4] :

"Tudo, ó Cristo, a ti entrego;
Tudo, sim, por ti darei!
Resoluto, mas submisso, Sempre, sempre, seguirei!

Tudo entregarei! Tudo entregarei!
Sim, por ti, Jesus bendito, Tudo deixarei!

Tudo, ó Cristo, a ti entrego,
Corpo e alma, eis aqui!
Este mundo mau renego,
Ó Jesus, me aceita a mim!

Tudo, ó Cristo, a ti entrego,
Quero ser somente teu!
Tão submisso à tua vontade
Como os anjos lá no céu!

Tudo, ó Cristo, a ti entrego;
Oh, eu sinto teu amor
Transformar a minha vida
E meu coração, Senhor!

Tudo, ó Cristo, a ti entrego;
Oh, que gozo, meu Senhor!
Paz perfeita, paz completa!
Glória, glória ao Salvador!"

Referências

[1] SPAFFORD, Horatio; BLISS, Philip. Sou Feliz. São Paulo: Cantor Cristão: 1896. N. 398

[2] FERBER, Ludmila Murias. Os Sonhos de Deus. São Paulo: Som Livre: 2001. CD (faixa 6)

[3] JUNIOR, Fernandinho Jerônimo dos S. Uma Nova História. Betim: OniMusic: 2009. DVD (1:20:33)

[4] VENTER, Judson Van de; WEEDEN, Winfield S. Tudo Entregarei. São Paulo: Cantor Cristão: 1896. N. 295.

www.ingramcontent.com/pod-product-compliance
Lightning Source LLC
Chambersburg PA
CBHW061249140726
47998CB00006B/2171